Gitte Härter
Christine Öttl

Schlagfertig

- Schnell und souverän kontern
- Heikle Situationen meistern

Über die Autorinnen

Christine Öttl und Gitte Härter waren fast ein Jahrzehnt im Management eines internationalen Medienkonzerns tätig, bevor sie sich Anfang 1999 mit dem Beratungs- und Trainingsunternehmen „objektiv." in München erfolgreich selbstständig machten. Ihre Beratungsschwerpunkte sind Selbstmanagement und -marketing sowie Karriere, Bewerbung und Führung.

→ Check-in

Sie möchten auf Ihre Fragen kurze, prägnante und vor allem verlässliche Antworten erhalten? Dieser GU Kompass bietet Ihnen schnelle Hilfe in allen Situationen, die kein langes Zaudern und Zögern gestatten. Ob unterwegs in der Jackentasche oder immer griffbereit am Arbeitsplatz: Jeder Titel dieser Reihe informiert Sie übersichtlich, aktuell, kompetent und lösungsorientiert.

- Jeder Sachverhalt wird auf einer Doppelseite geklärt. Suchen Sie Ihre Fragestellung, Ihr Stichwort, Ihr Problem im Inhaltsverzeichnis und steigen Sie einfach ein.
- Falls Sie unter großem Zeitdruck stehen und nur das Allernotwendigste nachschlagen möchten, halten Sie sich an das im Inhaltsverzeichnis optisch hervorgehobene „Last-Minute-Programm". Es zeigt Ihnen, worauf Sie keinesfalls verzichten sollten.
- Nutzen Sie den Service-Teil mit seinen weiterführenden Hinweisen zu Büchern und Adressen, um bestimmte Aspekte zu vertiefen.

Es gibt Situationen, da will man so gerne das Richtige sagen: eine klare Grenze setzen, mit einer guten Pointe kontern ...; aber leider fällt einem nichts Passendes ein. Dieser Kompass zeigt anhand praktischer Beispiele auf, wie zahlreich die Möglichkeiten, gut und clever zu reagieren, tatsächlich sind. Und wie Sie künftig nicht nur irgendwie reagieren, sondern auch sich selbst treu bleiben, souverän und selbstbewusst auftreten, sowie respektvoll mit dem Gegenüber umgehen und eine Situation (und ihre Konsequenzen) in allen Aspekten betrachten können.

Inhalt

→ Last-Minute-Programm

Die wichtigsten Punkte im Überblick!
Die farblich und durch Pfeile → gekennzeichneten Abschnitte bilden das Last-Minute-Programm. Halten Sie sich daran, wenn Sie sich auf das Notwendigste beschränken müssen.

Schlagfertigkeit & Persönlichkeit

Voraussetzungen schaffen

Techniken

Schlagfertig (re)agieren

→

Service

1. Um eine Antwort nie verlegen

„Wenn ich nur schlagfertiger wäre!" Dieser Wunsch ist weit verbreitet. Doch was genau steckt dahinter?

Fällt Ihnen auch oft nichts ein, wenn Sie angegriffen werden? Das kann ein dummer Spruch sein, der Sie auf die Palme bringt, unsachliche Kritik oder eine persönliche Beleidigung, die Sie sprachlos macht. Wie gern hätte man jetzt die passende Antwort parat, um sein Gegenüber in die Schranken zu weisen. Schlagfertig zu reagieren und geschickt zu kontern ist ein bewährtes Mittel, um sich nicht unterkriegen zu lassen und die Situation unbeschadet zu überstehen.

Nicht auf den Mund gefallen

Auf die Frage, warum sie gerne schlagfertig(er) wären, lauten die meisten Antworten:

- Wenn mir jemand blöd kommt, möchte ich sofort reagieren, anstatt stumm wie ein begossener Pudel dazustehen.
- Es ärgert mich, dass mir immer erst im Nachhinein einfällt, was ich alles hätte antworten können. Ich möchte spontan reagieren und die Sache dann als erledigt ansehen.
- Ich will Klartext reden und den anderen zeigen, wenn sie eine Grenze überschritten haben. Schließlich kann man mit mir nicht machen, was man will!
- Leider gehöre ich zu den Leuten, die kein dickes Fell haben. Ich will Angriffe oder dumme Sprüche nicht mehr an mich herankommen lassen. Wenn ich schlagfertiger wäre, könnte ich verbale Attacken besser abwehren und mich selbst schützen.
- Bei schlagfertigen Leuten weiß man, dass sie sich nichts gefallen lassen. Deshalb sind die anderen vorsichtig und

trauen sich nicht, ihnen an den Karren zu fahren. Wer schlagfertig ist, hat es leichter im Leben.

Wichtig

Diese Wünsche, Erwartungen und Gründe sind verständlich und nachvollziehbar. Und ja: Man kann sich rhetorische Tricks aneignen, bestimmte Techniken lernen oder sich ein paar „gute Antworten" zurechtlegen, um in Zukunft aktiver zu sein und sofort reagieren zu können. Damit lässt sich etwas erzielen – die Frage ist nur, ob es das ist, was man „eigentlich" erreichen möchte.

Persönliche Stärke gewinnen

Nehmen Sie Ihre eigenen Wünsche und Ziele genau unter die Lupe. Machen Sie sich klar, was Sie durch größere Schlagfertigkeit erreichen möchten. Hinter dem Wunsch, schlagfertig(er) zu sein und sich verbal besser behaupten zu können, verbirgt sich meistens eines oder mehrere der folgenden Bedürfnisse:

- nicht verletzt zu werden
- sich durchsetzen zu können
- ernst genommen und geschätzt zu werden
- gemocht zu werden
- sicher, souverän und mutig rüberzukommen
- größere persönliche Autorität auszustrahlen

Auf einen Blick

Schlagfertigkeit kann bedeuten, sich stark und gut zu fühlen und auch in kritischen Situationen die Kontrolle zu behalten. Ebenso aber auch, respektiert und fair behandelt zu werden.

2. Selbstsicherheit und Souveränität

Schlagfertig zu sein und in brenzligen Situationen „austeilen" zu können, wird gerne mit einem starken Selbstbewusstsein gleichgesetzt. Ist das tatsächlich so?

Äußere Selbstsicherheit

Kein Zweifel: Verbal versierte und rhetorisch geschickte Menschen, die nichts auf sich sitzen lassen und sofort kontern – gerne auch mal unter der Gürtellinie –, strahlen oft ein ausgeprägtes Selbstbewusstsein aus. Sie wissen sich zu helfen, reagieren prompt, sind offensichtlich mutig und oft auch witzig – selbstbewusst auf ganzer Linie! Aus diesem Grunde dienen sie häufig Menschen als Vorbild, die weniger fix sind und sich nach eigener Einschätzung zu viel gefallen lassen.

Wichtig

Wer schlagfertige Menschen persönlich kennt, weiß aus eigener Erfahrung: Mit echter Selbstsicherheit muss das nichts zu tun haben. Sehr oft ist sogar das Gegenteil der Fall. Denn das verbale „Austeilen" kann eine Fassadentechnik sein, die dazu dient, die eigene innere Unsicherheit hinter einem starken Auftreten zu verstecken.

Innere Selbstsicherheit

Wirkliche Selbstsicherheit und ein stabiles Selbstbewusstsein kommen von innen und lassen sich nicht durch ein noch so gekonntes und schlagfertiges Auftreten ersetzen.

Folgende Eigenschaften kennzeichnen Souveränität und Selbstsicherheit:

- sich selbst kennen und schätzen – mit allen starken und auch weniger starken Seiten
- wissen, dass man kein Spielball anderer Menschen ist, sondern die eigene Reaktion selbst bestimmen kann
- sich selbst zutrauen, auch in kritischen Situationen gut zu reagieren oder es für die Zukunft zu lernen
- innerlich unabhängig sein und eine gesunde Distanz zu anderen halten können
- nicht alles persönlich nehmen und nicht an sich selbst zweifeln, wenn man attackiert wird
- gelassen bleiben können, um Stress zu vermeiden und schnell wieder ruhig zu werden

Bitte keine Missverständnisse! Sie müssen noch nicht über ein starkes inneres Selbstbewusstsein verfügen, um sich mit dem Thema Schlagfertigkeit zu beschäftigen. Und natürlich ist es wichtig, eigene Schwächen auszugleichen, sich Techniken anzueignen und zu üben, um in brenzligen Situationen cleverer, zielgerichteter und schneller zu reagieren als bisher – oder überhaupt zu reagieren. Neue Wege auszuprobieren und das eigene Verhalten aktiv zu verändern, bringt Sie nicht nur in Ihrem „Projekt Schlagfertigkeit" weiter, sondern wirkt sich auch positiv auf Ihr Selbstbewusstsein aus. Wenn Sie aber mehr erreichen möchten, als Attacken abzuwehren und nur nach außen hin selbstsicher zu erscheinen, müssen Sie sich intensiv mit sich selbst beschäftigen.

Wichtig

Selbstsicherheit und Souveränität ergeben sich nicht automatisch, wenn man nach außen schlagfertiger wird und sich Techniken aneignet, um andere schnell und effizient in die Schranken zu weisen.

3. Schlagfertigkeit hat viele Facetten

Immer blitzschnell das Richtige sagen? Sich ja nichts bieten lassen und den anderen verbal unterbuttern? – Gute Schlagfertigkeit ist viel mehr!

Was häufig propagiert wird

Ob in den Medien, in Seminaren oder Büchern: Häufig wird Schlagfertigkeit in sehr kriegerischem Kontext präsentiert, was die Wortwahl ausdrückt: Waffe, verteidigen, Angreifer, Gegner, Feind, zurückschießen, sich wehren, vor den Bug knallen, siegen.
Abgesehen von leider oft sehr zweifelhaften Tipps, die lediglich auf Tiefschläge und Verletzungen ausgerichtet sind, wird suggeriert, jeder Mensch könne zum spontanen Verbalakrobaten werden.
Das ist ein unrealistisches und verzerrtes Bild, das vor allen Dingen auch dazu führt, sich selbst unzulänglich zu fühlen. Seien Sie ehrlich: Was empfinden Sie, wenn Sie den passenden Spruch nun doch nicht parat haben, weil Sie innerlich wie gelähmt sind? Dann macht Ihnen nicht nur die Situation zu schaffen, sondern Sie fühlen sich als Loser. Denn andere bringen es ja und sind Ihnen wieder einmal überlegen.

Hallo Realität!

Lassen Sie sich auch nicht von Filmen und Fernsehen, Büchern, Zeitungsartikeln und Seminaren einschüchtern: Da ist so gut wie nichts Spontanes dran! Dort hat sich jemand an den Schreibtisch gesetzt und Pointen überlegt.

Mehr als Sprüche klopfen

Klar gibt es spontane, schlagfertige Zeitgenossen – und zu einem Großteil kann sich auch jeder die notwendigen Fähigkeiten dazu antrainieren. Aber nur, wenn das Fundament stimmt: eine positive Selbstsicht und Interesse an guten menschlichen Beziehungen.

Schlagfertigkeit bedeutet nicht nur, sich irgendwie zu behaupten. Auch im Alltag ist es einfach schön, mit Leuten zu tun zu haben, die einen lockeren Spruch auf den Lippen haben. Die in positiver Weise „nicht auf den Mund gefallen sind". Die ideenreich sind, auch mal ein Späßchen machen oder humorvoll stressige Situationen entspannen.

Gute Schlagfertigkeit bedeutet

- zu sich selbst zu stehen
- die eigene Meinung zu äußern
- sein Umfeld – Menschen und Atmosphäre – bewusst mitzubekommen
- aktiv zu sein, statt nur zu reagieren
- nicht nur situationsbedingt, sondern langfristig zu denken
- Interesse an guten menschlichen Beziehungen zu haben
- Konflikte durch gemeinsame Lösungen zu meistern
- auf sich selbst und auch auf andere Rücksicht zu nehmen

Übrigens

Fast jeder Mensch wünscht sich mehr Gelassenheit in allen Lebenslagen. Souverän auftreten, anerkannt sein, ernst genommen – und natürlich gemocht zu werden. Das zentrale Stichwort lautet: Kommunikation mit sich selbst und mit anderen. Darum finden Sie in „Schlagfertig" keine schnellen Zurückschieß-Tipps, sondern einen umfassenderen Blick auf das, was gute Schlagfertigkeit ausmacht.

4. Gute Schlagfertigkeit

Nicht auf den Mund gefallen zu sein, ist durchaus sinnvoll. Aber bedenken Sie – es gibt gute und schlechte Schlagfertigkeit.

Auf die Motivation kommt es an

Es spielt eine große Rolle, welche Absicht hinter schlagfertigem Reagieren steckt. Sie kann konstruktiv oder destruktiv sein, was Auswirkungen auf Sie selbst, Ihr Gegenüber und die Situation hat.
Die folgenden Beispiele möchten Ihnen zeigen, wie eine konstruktive und hilfreiche Motivation aussehen kann:

- sich nicht provozieren lassen und heil aus der Sache herauskommen
- stark und mutig sein, ohne den anderen zu verletzen, zu beleidigen oder herabzusetzen
- erfahren, um was es eigentlich geht
- Grenzen setzen und die eigene Meinung kommunizieren, ohne dass der „Angreifer" das Gesicht verliert
- sich lösungsorientiert verhalten

Tipp

Sind Sie grundsätzlich der Überzeugung, dass der andere böse Absichten hat und Sie lediglich provozieren oder fertig machen will? Dann wird es schwierig, konstruktiv an die Sache ranzugehen. Machen Sie sich klar, dass Leute, die dumme Sprüche klopfen und anderen auf die Füße treten, selbst ein Problem haben. Dies wirft ein ganz anderes Licht auf die Situation.

Gute und hilfreiche Schlagfertigkeit

Gute Schlagfertigkeit bedeutet, dass man sich nicht unterbuttern lässt. Sie passt zur eigenen Persönlichkeit und berücksichtigt das Gegenüber wie die Situation. Wollen Sie positiv schlagfertig sein, sollten Sie folgende Ratschläge beherzigen:

- Treten Sie innerlich einen Schritt zurück, um sich nicht von den eigenen Emotionen überwältigen zu lassen
- Aufgrund dieser inneren Distanz haben Sie die Möglichkeit, bewusst zwischen unterschiedlichen Reaktionen zu wählen
- Stellen Sie sich der Situation, um dem Konflikt auf den Grund zu gehen und selbst Position zu beziehen, ohne den anderen zu ignorieren oder abzuwerten

Gute Schlagfertigkeit ist flexibel und dynamisch – also kein starres und vorhersehbares Reagieren, sondern abgestimmt auf das Gegenüber und die spezifische Situation.

Wichtig

Wer im positiven Sinne schlagfertig sein will, sollte auch die Folgen bedenken. Die unangenehme Situation findet zwar hier und jetzt statt, aber sie könnte ein Nachspiel haben. Ein momentaner Sieg kann längerfristig eine Niederlage sein, wenn dadurch Beziehungen belastet oder zerstört werden. Unterschätzen Sie auch nicht die Auswirkungen, die eine falsch verstandene Schlagfertigkeit auf Sie selbst haben kann: Eine gekonnte Retourkutsche kann sich gegen Sie selbst wenden, auch wenn Sie diesen Umgangston eigentlich ablehnen – und sich später dafür Vorwürfe machen. Gute Schlagfertigkeit hilft Ihnen nicht nur im Moment, sondern passt auch zu Ihrer Persönlichkeit und Ihren langfristigen Zielen.

5. Schlagfertigkeit kann schaden

Wer geschickt kontert und andere fertig macht, um selbst gut dazustehen, wird zwar oft bewundert. Aber dieses Verhalten hat Schattenseiten.

Wann schadet Schlagfertigkeit?

Sie sehen innerlich rot und haben nur noch ein Ziel: Der „Angreifer" soll auflaufen, abblitzen oder als Idiot dastehen. Dazu ist Ihnen – fast – jedes Mittel recht. Sie teilen mit harten Bandagen aus, um es dem anderen mit gleicher Münze heimzuzahlen – nach dem Motto: zuschlagen und fertig! Doch Vorsicht: Diese Absicht führt zu einem Verhalten, das

- frech und respektlos,
- unter der Gürtellinie und verletzend,
- der Situation nicht angemessen und übertrieben ist.

Wichtig

Schlechte Schlagfertigkeit geht davon aus, dass der andere auf jeden Fall böse, unfair und im Unrecht ist, während man sich selbst als Opfer fühlt. Das führt leicht zu einer unkritischen Haltung sich selbst gegenüber und dazu, den eigenen Anteil an der zugespitzten Situation zu übersehen.

Beziehungen nicht belasten

Natürlich kann man sich durch negativ motiviertes Kontern einen Vorteil verschaffen und das Gegenüber „besiegen". Aber man riskiert auch, dass der andere

- wirklich verletzt ist, wodurch die Beziehung leiden kann oder im schlimmsten Fall kaputtgeht,
- richtig sauer wird, sich rächt und einem Hindernisse in den Weg legt,
- seinerseits zurückschlägt und es zu einem Schlagabtausch und einem richtigen verbalen Kampf kommt.

Durch negative Schlagfertigkeit wird das ganze Umfeld in Mitleidenschaft gezogen. Schlagfertige Menschen ernten zwar oft Applaus und Bewunderung. Aber es gibt auch eine Kehrseite der Medaille. Wer verbale Rundumschläge verteilt, beeinflusst menschliche Beziehungen negativ. Was nutzt es uns aber, wenn andere in Deckung gehen, ihre eigene Meinung nicht mehr äußern, sich zurückhalten oder verstellen? Es besteht die Gefahr, dass Konflikte im Untergrund schwelen und die Atmosphäre verkrampft und unlocker wird.

Wann schade ich mir selbst?

Mit negativer Schlagfertigkeit tun Sie sich selbst nichts Gutes an. Abgesehen von verscherzten Sympathien und verbauten Wegen riskieren Sie

- kein oder kaum offenes Feedback von anderen zu bekommen
- Chancen zu verpassen, eigene Fehler zu korrigieren oder etwas wieder gut zu machen
- immer auf der Hut zu sein und unter Zugzwang zu geraten, schlagfertig sein zu müssen
- vielleicht bewundert, aber auch gemieden zu werden

Tipp

Beobachten Sie jemanden in Ihrem Umfeld, der als schlagfertig gilt und sich nichts gefallen lässt: Welche Wirkung hat er auf andere Menschen? Wie geht er mit anderen um? Was wird über ihn gesprochen? Dies kann sehr lehrreich für Sie selbst sein.

6. Selbst-Check: Wie schlagfertig sind Sie?

Die folgenden Fragen sollen Sie dazu anregen, sich intensiv mit sich selbst zu beschäftigen: Wie schätzen Sie sich in puncto Schlagfertigkeit ein?

Bitte belassen Sie es nicht nur beim Ankreuzen, sondern sehen Sie sich Ihre Antworten genau an und ergänzen Sie:

- Was bedeutet das für mich persönlich?
- Welche konkreten Beispiele fallen mir dazu ein?
- Finde ich die Eigenschaft oder das Verhalten gut?
- Was möchte ich daran gern ändern?
- Was würde mir dabei helfen?

Ich & Schlagfertigkeit

	trifft zu	kommt auf die Situation an	trifft nicht zu
Ich bin nicht auf den Mund gefallen			
Manchmal bin ich schon schlagfertig			
Mir fällt immer alles zu spät ein			
Ich kann mit Worten auch verletzen			
Oft stehe ich einfach sprachlos da			
Bei Leuten, die gut reden können, weiß ich oft nichts mehr zu sagen			

Schlagfertigkeit hängt auch vom Gegenüber ab

Wo machen Sie Unterschiede? Beim Geschlecht (Mann/Frau), beim Alter (jünger, älter ...), je nach Beziehung (Familie, Freunde, Kollegen ...), je nachdem, wie sich der andere verhält (zugänglich, arrogant ...). Ergänzen Sie Ihre persönlichen Auslöser, ob Sie normal und gut reagieren können oder eher wie gelähmt sind oder aggressiv werden.

Meine Selbstsicht

	trifft zu	kommt auf die Situation an	trifft nicht zu
Ich bin nicht auf den Mund gefallen			
Ich bin selbstbewusst			
Ich mag mich			
Ich bin eher unsicher			
Anderen gegenüber fühle ich mich oft unterlegen			
Man kann mir schnell den Boden unter den Füßen wegziehen			
Harmonie ist mir wichtig			
Oft habe ich Angst, etwas anzusprechen			
Ich habe Angst, andere zu verletzen			
Nach außen hin wirke ich oft selbstsicherer, als ich bin			
Andere halten mich für humorlos			
Ich bin witzig			
Andere mögen mich			
Manche Leute haben Angst vor mir			
Ich wirke wohl manchmal arrogant			
Ich werde schnell rot			
Wenn ich aufgeregt bin, überschlägt sich meine Stimme oder ich stottere			
Kritik kann ich gut annehmen			
Ich kann über mich selbst lachen			
Wenn andere im Raum tuscheln oder lachen, glaube ich, es geht um mich			
Ich bin eher konservativ			
Ich tue oft toleranter, als ich bin			
Ich habe feste Ansichten			
Ich lasse andere Meinungen gelten			
Auf Leute, die taktlos sind, reagiere ich zornig			
Ich urteile schnell			
Ich kann gut um Entschuldigung bitten, wenn ich einen Fehler gemacht habe			
Wenn mich jemand verletzt, ist er für mich gestorben			
Ich bin recht locker – und verzeihe mir selbst auch mal, wenn ich was nicht so toll geregelt habe			
Ich kann gut verzeihen: Wenn sich jemand mal daneben benimmt, ist das nicht das Ende der Welt			
Mein Grundsatz ist: „Wo Menschen sind, da kracht's auch mal."			

7. Selbst-Check: Was verbinden Sie mit Schlagfertigkeit?

Gestalten Sie sich dieses Büchlein zu einem ganz individuellen Ratgeber und arbeiten Sie den Selbst-Check in Ruhe – intensiv und schriftlich! – durch.

Schlagfertig zu sein heißt:

	ja	weiß nicht	nein
Siegen			
Für mich einstehen können			
Anerkennung			
Den Beifall anderer bekommen			
Andere in die Schranken weisen			
Aus der Opferrolle rauskommen			
Durch Witz besser ins Team integriert werden			
„Reden können"			
Geselliger und beliebter sein			
Rache: es jemandem verbal ordentlich geben			
Immer das Richtige sagen (können)			
Selbstbewusst sein			
Ernst(er) genommen werden			
Klug wirken			
Unangreifbar für andere sein			
Mich nicht hilflos fühlen			
Platz für Ergänzungen:			

Ihre Erwartungen hinterfragen

In der Tabelle oben haben Sie angekreuzt, was Sie mit Schlagfertigkeit verbinden. So richtig konkret wird das Ganze jedoch erst, wenn Sie es näher hinterfragen.

Nehmen Sie sich alle Ihre „Ja"-Antworten vor und gehen Sie diesen mit dem unten stehenden 5-Fragen-Schema jeweils näher auf den Grund.

Sie haben beispielsweise angekreuzt, dass Sie durch Witz und Pointen besser ins Team integriert werden möchten.

- Schätzen Sie sich im Hinblick auf dieses Ziel ein:

Meine Kollegen mögen mich zwar, aber irgendwie fühle ich mich ausgeschlossen. Ich selbst gehe eher auf Distanz und wirke sehr ernst auf andere. Wenn es lustig wird, werde ich nicht einbezogen. Die Kollegen reden auch viel über private Dinge – aber nie mit mir. Ich glaube, dass ich besser ankäme, wenn ich auch mal die Stimmung auflockern und gute Pointen oder Sprüche bringen könnte.

- Diese Aspekte klappen ganz gut:

Eigentlich bin ich humorvoll, auch wenn ich es nicht immer so deutlich zeige. Ich lache über das, was andere sagen. Ich bin auch sonst nicht auf den Mund gefallen, was eigentlich eine gute Voraussetzung sein müsste, auch mal einen Witz zu machen oder einen lustigen Spruch zu bringen.

- Diese Aspekte klappen noch nicht, aber ich möchte mich gern verbessern:

Da mir nie etwas richtig Gutes einfällt, halte ich mich zu sehr zurück. Ich würde gerne aktiver werden.

- Befürchtungen und Hindernisse:

Ich werde schnell rot, wenn die Aufmerksamkeit auf mich gerichtet ist. Das ist mir peinlich.

- Diese zusätzlichen Fähigkeiten möchte ich mir aneignen:

Vielleicht sollte ich mehr von mir erzählen, um mich den Kollegen zu öffnen. Oder andere auch einfach mal fragen, ob ich wirklich so ernst wirke, wie ich glaube. Wegen des Rotwerdens, wenn alle auf mich schauen, könnte ich einen Theaterkurs am Wochenende belegen. Kürzlich hat mir jemand von einem Improvisationskurs für Laien erzählt. Das macht mir zwar Angst, aber wahrscheinlich geht das den anderen dort genau so.

8. Die innere Einstellung überprüfen

Auch für die Schlagfertigkeit gilt: Man kann sich mit den eigenen Gedanken und Einstellungen selbst im Wege stehen – oder sich weiterhelfen.

„Angriffe" als Gelegenheit sehen, um zu lernen

Natürlich wünscht sich niemand, angemacht oder gar beleidigt zu werden. Da sich solche Situationen aber nicht vermeiden lassen, sollten Sie sich am besten eine positive und konstruktive Einstellung zulegen: Das ist eine gute Basis, um sich nicht unterkriegen zu lassen. Wer nämlich Angst vor verbalen Attacken und dummen Sprüchen hat, fühlt sich bedroht und kommt zwangsläufig in die Bredouille, wenn die Situation brenzlig wird. Angst, Panik und Stress aber sind die größten Feinde guter und hilfreicher Schlagfertigkeit.
Deshalb ist es viel besser, verbale Angriffe & Co. als Lern- und Trainingsgelegenheiten zu sehen – um sich persönlich weiterzuentwickeln, innerlich stärker und unabhängiger zu werden und nach außen immer souveräner und selbstbewusster aufzutreten.

Übung

Machen Sie einen Test. Wie fühlen Sie sich bei folgenden Gedanken:

- Es ist schrecklich, attackiert zu werden. So etwas sollte nicht passieren!
- Es ist zwar nicht nett, attackiert zu werden. Aber es gehört zum Leben. Und ich kann daraus lernen.

„Angreifer" als Menschen sehen

Es spielt eine große Rolle, was Sie über Ihren „Gegner" denken: Denn das beeinflusst unmittelbar und entscheidend, wie Sie sich fühlen und reagieren. Vielleicht können Ihnen folgende Beispiele weiterhelfen:

- „Angreifer" sind arrogant, gemein und unmenschlich.
- Leute, die andere anmachen, sind total daneben und man darf sie nicht ernst nehmen.
- Wer andere hart angeht, ist eine starke Persönlichkeit, gegen die man sich nicht behaupten kann.

Diesen Gedanken ist eines gemeinsam: Sie sprechen dem Gegenüber die Menschlichkeit ab. Zum anderen katapultieren sie uns selbst in die Opferrolle und damit in die schwächere Position. All das sind schlechte Voraussetzungen, um in schwierigen Situationen souverän zu bleiben und wirkliche Schlagkraft zu entwickeln.

Machen Sie es sich leichter, indem Sie so über Ihren „Angreifer" denken:

- Das ist ein Mensch wie du und ich – mit Stärken, Schwächen, Unsicherheiten, Verletzungen, Ängsten und Fehlern.
- Er hat ein Problem und weiß sich offensichtlich nicht anders zu helfen, als um sich zu schlagen. Keine Ahnung, ob es etwas mit mir zu tun hat oder nicht.

Wichtig

So ist Ihr Gegenüber für Sie keine Gefahr und auch kein Gegner, den Sie auf Teufel komm raus verbal besiegen müssen. Das vermindert Stress und macht es möglich, einen kühlen Kopf zu bewahren. Nun können Sie souverän entscheiden, wie Sie auf die Attacke oder Provokation reagieren wollen.

9. Konstruktiv mit sich selbst sein

Wie Sie über sich selbst denken und welchen inneren Dialog Sie führen, entscheidet, ob Sie sich schwächen – oder stärken.

An sich glauben

Sind Sie davon überzeugt, immer unterlegen, ausgeliefert und in kritischen Situationen hilflos zu sein? Diese Einstellung sollten Sie ganz schnell ablegen! Sie schadet Ihrem Selbstwertgefühl – und im „Ernstfall" sind Sie tatsächlich handlungsunfähig oder schlagen aus Hilflosigkeit um sich, was alles nur noch schlimmer machen kann. Ein fataler Teufelskreis!

Viel sinnvoller und nützlicher ist folgende Einstellung:

- Genau wie andere Ihnen nicht hilflos ausgeliefert sind, sind Sie kein Spielball anderer Menschen.
- Nur weil Sie sich bisher nicht so gut in kritischen Situationen bewährt haben, muss das nicht für die Zukunft gelten. Sie können dazulernen und sich weiterentwickeln.
- Sie können Möglichkeiten und Wege finden, um souverän mit Attacken umzugehen und kritische Situationen zu meistern.

Tipp

Bauen Sie sich selbst auf, indem Sie bewusst positive innere Monologe mit sich selbst führen. Zum Beispiel: „Auch wenn mich jemand schief anredet oder beleidigt, muss ich mich davon nicht umhauen lassen. Ich kann lernen und üben, so zu reagieren, wie ich es für gut und hilfreich halte. Ich kann es schaffen, überlegter, selbstbewusster und souveräner zu werden."

Mit schlechten Erinnerungen konstruktiv umgehen

Brenzlige Situationen können deshalb schlimm oder gar überwältigend sein, weil sie frühere Erlebnisse lebendig werden lassen. Wie man sich bei Attacken, unfairer Kritik oder dummen Sprüchen fühlt und wie man damit umgeht, beginnt im Kopf. So kann es sein, dass:

- alte Wunden aufbrechen
- schmerzhafte Erfahrungen lebendig werden
- das Gegenüber an eine Person erinnert, die einen sehr verletzt hat

Das kann bewirken, dass man von starken Emotionen überrollt wird und in einer Art und Weise reagiert, die nicht nur unangemessen, sondern regelrecht schädlich ist und die Dinge nur noch verschlimmert.

Machen Sie sich bewusst, welcher „Film" in Ihnen abläuft, wenn Sie sich unfair behandelt oder angegriffen fühlen. So können Sie Ihre eigenen Gefühle und spontanen Reaktionen erkennen und nachvollziehen. Und das ist die Basis, um Schritt für Schritt ein gesünderes Verhalten einzuüben.

Beispiel

Jedes Mal, wenn Ihr Chef Kritik übt, erstarren Sie innerlich zu Eis und bringen kein vernünftiges Wort über die Lippen. Im Nachhinein sind Sie fassungslos über Ihre eigene Reaktion und sehen sich als Versager – keine gute Basis, um sich zu verändern. Sie können Ihre Selbstverurteilung aber stoppen. Horchen Sie in sich hinein, was in solchen Situationen in Ihnen abläuft. Wenn Sie sich selbst besser verstehen, können Sie toleranter mit sich sein und konstruktiver mit sich umgehen.

10. Ihre Persönlichkeit zählt!

Die Stärke Ihres inneren Fundaments entscheidet darüber, wie oft Sie sich in die Enge getrieben oder angemacht fühlen – und natürlich, wie Sie auf andere wirken.

Wichtig: Wirkung und Image

Unsere Persönlichkeit spielt auch eine wichtige Rolle dabei, ob wir in eine unangenehme Situation geraten. Denn unser Auftreten und zwischenmenschliches Verhalten ziehen Konsequenzen nach sich.
Stellen Sie sich folgende Szene vor: Eine Sekretärin wirkt während der Arbeit gestresst, unsicher und ist leicht aus der Ruhe zu bringen. Ein Kollege kommt rein und fragt: „Sind Sie in der Lage, das Angebot noch heute fertig zu machen?" Die Mitarbeiterin ist verärgert und denkt: Was soll denn das heißen – ob ich in der Lage bin? Der hält mich wohl für eine dumme Tippse!
Möglicherweise ist diese Frage aber eine logische Konsequenz, die aus ihrem Verhalten resultiert. Denn die Sekretärin seufzt den ganzen Tag laut und signalisiert damit: „Ich weiß gar nicht, wie ich das alles schaffen soll!" Hinzu kommt, dass sie die Frage einseitig interpretiert.

Wichtig

Es kann sein, dass bestimmte kritische Situationen

- durch die eigene Persönlichkeit erst ausgelöst werden und so richtig zum Tragen kommen,
- durch die eigene Persönlichkeit im Keim erstickt werden und gar nicht erst aufkommen.

Andere geradezu herausfordern

Es gibt Verhaltensweisen, die unsere Mitmenschen geradezu provozieren, uns aus der Reserve zu locken oder sogar einen Denkzettel zu verpassen.
Vielleicht werden Sie von Ihren Kollegen gepiesackt, weil Sie distanziert wirken. Gehören Sie auch zu den Menschen, die Beruf und Privates strikt trennen? Sie müssen mit Ihren Kollegen nun nicht Ihr Liebesleben diskutieren oder die Freizeit verbringen – vergessen Sie aber nicht, dass Sie mit Menschen zusammenarbeiten! Wer jegliche Kommunikation am Arbeitsplatz auf das rein Sachliche beschränkt und kein persönliches Wort wechselt, koppelt sich damit von anderen ab. Wenn man trotz Distanz beliebt ist, wird man vielleicht mal auf die nette Weise herausgefordert. Ist man eher unbeliebt, könnte es unangenehm werden.
Bestimmte Verhaltensweisen laden regelrecht dazu ein, jemandem mal verbal eins überzuziehen, auch wenn das grundsätzlich nicht fair ist. Wer über andere lästert, sie auflaufen lässt, immer alles besser weiß, Informationen nicht weitergibt, Ideen klaut, nie grüßt – sprich sich einfach unkollegial oder unhöflich verhält, der wird generell keinen guten Stand in der Gemeinschaft haben.

Wichtig

Verfolgen Sie Bemerkungen oder Situationen, die Ihnen missfallen und die Sie als „dummes Gerede“ abwerten, einmal zurück: Was an Ihrem Verhalten könnte Ihr Gegenüber provoziert haben? Es geht nicht darum, die „Schuld“ bei sich zu suchen, sondern ein Bewusstsein dafür zu entwickeln, dass man an allen Situationen einen Anteil hat, indem man etwas auslöst, begünstigt oder forciert – bewusst oder unbewusst.

11. Zu sich selbst stehen

Das ist eine wichtige Voraussetzung, um die Art von Schlagfertigkeit zu finden und effizient anzuwenden, die wirklich zu einem passt.

Die eigene Persönlichkeit wertschätzen

Es ist sehr wichtig, sich selbst zu kennen und sich der eigenen starken Seiten bewusst zu sein. Denn das ist das Fundament für ein gesundes Selbstwertgefühl – und damit für die Fähigkeit, auch in kritischen Situationen das Ruder in der Hand zu behalten.

Bitte setzen Sie es sich nicht zum Ziel, im negativen Sinne schlagfertig zu werden. Das hat sehr leicht zur Folge, dass man Stärken als Schwächen interpretiert und im Clinch mit sich selbst liegt. So werten sich empfindsame Menschen häufig ab und wollen sich um 180 Grad verändern, um es anderen endlich mal zu zeigen. Das ist schade: Denn Sensibilität und Einfühlungsvermögen müssen keinesfalls zu Duckmäusertum und Sprachlosigkeit führen, sondern können ein sehr starkes Fundament für gute Schlagfertigkeit sein. Das geht aber nur, wenn man diese Fähigkeiten selbst wertschätzt.

Übung

Schauen Sie genau hin:

- Welche Eigenschaften und welches Verhalten empfinden Sie bei sich als negativ oder hinderlich?
- Welche Vorteile bringen Ihnen diese Eigenschaften und dieses Verhalten?

Die wunden Punkte kennen – und annehmen

Wenn Sie sich mit Ihren eigenen schwachen Seiten und Hindernissen, die Sie sich in den Weg legen, auseinander setzen, werden Sie profitieren. Doch Vorsicht: Wenn Sie sich selbst kritisieren und Teile Ihrer Persönlichkeit ablehnen, schneiden Sie sich ins eigene Fleisch! Wollen Sie an sich selbst arbeiten, um sich weiterzuentwickeln, müssen Sie auch Ihre Schattenseiten akzeptieren.
So richtig provozieren, in die Enge treiben oder verletzen kann Sie nur jemand, der einen Ihrer wunden Punkte trifft. Um weniger verletzlich zu sein und souveräner reagieren zu können, sollten Sie Ihre Schwachstellen kennen und akzeptieren. Finden Sie für sich heraus:

- Wo bin ich persönlich angreifbar?
- Welches Thema verletzt mich? Auf was reagiere ich allergisch, wütend oder ablehnend?
- Welcher Umgangston macht mir zu schaffen?

Bitte verurteilen Sie sich nicht, wenn Sie „wieder mal" nicht schlagfertig reagiert haben. Dies ist keine gute Voraussetzung, um es in Zukunft besser zu machen.

Wichtig

Denken Sie daran: Sie sind ein Mensch – und haben daher Fehler und Schwächen. So ist die Gefahr viel kleiner, sich unter Druck zu setzen und unrealistischen Ansprüchen hinterherzulaufen oder sich komplett umkrempeln zu wollen. Die Formel für den gesündesten und effektivsten Weg lautet: Die starken Seiten wertschätzen und ausbauen, die schwachen Seiten annehmen und bewusst damit umgehen.

12. Das eigene Image

Wie wir bei anderen ankommen und welches Bild wir vermitteln, wirkt sich darauf aus, wie andere mit uns umgehen.

Welches Image haben Sie?

Auch wenn wir es manchmal nicht gern hören: Es hängt auch von uns ab, wie andere auf uns zugehen und mit uns umgehen. Es ist sehr hilfreich, ehrlich und selbstkritisch zu sein, wenn Sie sich mit Ihrer Wirkung auf andere beschäftigen. Nicht immer passen Selbst- und Fremdbild zusammen und nicht immer ist man sich dessen bewusst, wie man tatsächlich auf andere wirkt.

Übung

Wie komme ich bei anderen an?
Um dies herauszufinden, versetzen Sie sich einmal in die Lage Ihrer Mitmenschen und betrachten Sie sich aus deren Perspektive.
Welches Bild vermitteln Sie? Denken Sie an Ihr Auftreten und Verhalten, Ihre Art zu arbeiten, auf andere zuzugehen und zu kommunizieren.

Es gibt Zeitgenossen, die selten unter Beschuss geraten, während andere ironische Kommentare, negative Bemerkungen und blöde Sprüche magnetisch anzuziehen scheinen. Paradoxerweise sind das häufig Menschen, die sich selbst als unsicher, zurückhaltend oder schüchtern erleben. Sie werden gerne zur Zielscheibe von Attacken, weil sie entweder ihre innere Unsicherheit verstecken und deshalb unnahbar, eingebildet und arrogant rüberkommen, oder weil sie als leichtes Opfer erscheinen.

Ihr Image in kritischen Situationen

Ihr Verhalten in kritischen Situationen ist ein wichtiger Imagefaktor. Auch das prägt das Bild, das sich andere von Ihnen machen und beeinflusst deren Umgang. Willkommene Zielscheibe für Attacken und dumme Sprüche sind beispielsweise Menschen, die

- sich leicht aus der Reserve locken lassen und auf jede „Provokation“ einsteigen
- selbst gerne austeilen und mit anderen nicht zimperlich umspringen
- Fehler nicht zugeben können, sie vertuschen oder gar anderen in die Schuhe schieben
- oft beleidigt sind, weil sie sich schnell angegriffen fühlen

Es ist sehr hilfreich, sich selbst unter die Lupe zu nehmen: Wie verhalten Sie sich normalerweise, wenn Sie sich angegriffen, verletzt oder beleidigt fühlen? Wie reagieren Sie, wenn Sie sich nicht respektiert und an die Wand gedrückt fühlen? Wie gehen Sie mit negativem Feedback, Kritik und Hinweisen auf eigene Fehler um?

Wer das Image einer starken Persönlichkeit hat, die auf dumme Sprüche, Provokationen, unfaire Äußerungen oder Beleidigungen souverän reagiert, kommt nicht nur im „Ernstfall“ besser klar. Er wird auch seltener das Ziel solcher Attacken.

Tipp

Gehen Sie selbst mit gutem Beispiel voran und behandeln Sie andere so, wie Sie es selbst gerne hätten. Wenn Sie Kritik konstruktiv und mit Fingerspitzengefühl üben, eigene Fehler zugeben und selbst auf Sticheleien, ironische Blicke und dumme Kommentare verzichten, tun Sie sich einen großen Gefallen.

13. Authentisch sein!

Jeder kann schlagfertig sein und brenzlige Situationen clever meistern. Bleiben Sie sich selbst treu – das wirkt am besten.

Schlagfertigkeit, die zu Ihnen passt

Es ist sehr wichtig, dass Sie die Art von Schlagfertigkeit und geschicktem Reagieren finden und ausüben, die Ihrer Persönlichkeit entspricht. Ansonsten bekommt das Ganze etwas Zwanghaftes, Krampfhaftes und Künstliches – und erfordert viel Anstrengung, anstatt Ihnen leicht von den Lippen zu gehen. Ein authentischer Stil hat viele Vorteile:

- Sie müssen sich nicht verstellen und etwas sagen oder tun, was Ihnen schwer fällt und fremd ist.
- Sie brauchen nicht krampfhaft nach vorgefertigten Rezepten zu suchen, sondern können spontan reagieren.
- Sie fühlen sich wohl und im Einklang mit sich selbst
- und kommen deshalb viel besser und stärker rüber.

Beispiele

Wenn Sie grundsätzlich ein gut gelaunter und positiver Mensch sind, fällt es Ihnen wahrscheinlich leicht, angespannte Situationen mit Humor und Lachen zu entschärfen oder auch mal mit einem witzigen Spruch zu kontern. Für jemanden, der sehr ruhig, ernst und zurückhaltend ist, wäre dieses Verhalten möglicherweise aufgesetzt – und nicht besonders effektiv. Sich auf den sachlichen Kern zu konzentrieren, ernst zu gucken und nachzufragen, ist für eine solche Persönlichkeit meist leichter zu bewerkstelligen und hat mehr Durchschlagskraft. Für Menschen, die sensibel sind und viel Wert auf

Harmonie legen, ist es keine gute Strategie, andere durch scharfzüngige Kommentare in die Schranken zu verweisen: Selbst wenn die Aktion nach außen erfolgreich verläuft, werden sie damit nicht glücklich sein.

Übrigens: Eine authentische und sehr wirkungsvolle Reaktion kann darin bestehen, dass man sprachlos ist und genau das thematisiert: „Jetzt weiß ich nicht, was ich darauf sagen soll. Das muss ich erst mal verdauen!“ oder „Jetzt haben Sie es mir aber gegeben! Im Moment fällt mir dazu nichts ein.“ Das ist viel besser, als nach Worten zu ringen, sich innerlich selbst unter Druck zu setzen und immer unsicherer zu werden.

Authentisch — aber auch dazulernen

Authentisch sein meint nicht, dass Sie eigene Schwächen und Defizite hinnehmen und nichts dazulernen sollen. Vielleicht ist ja genau das der Grund, warum Sie kritische Situationen nicht gut meistern. Möglicherweise sind Sie zu ehrlich – Sie reagieren betroffen und sprachlos, treten beleidigt den Rückzug an oder schlagen blind um sich.

Wichtig

Authentisch im positiven Sinne bedeutet, dass Sie sich klar machen:

- welche Art von Schlagfertigkeit am besten zu Ihnen passt,
- wo Sie sich durch Ihr bisheriges Verhalten in kritischen Situationen selbst ein Bein stellen,
- was Sie konkret verbessern möchten.

So können Sie Schritt für Schritt auf das schlagfertige Verhalten hinarbeiten, mit dem Sie sich wohl fühlen und stark rüberkommen.

14. Grenzen setzen

Wer offen, klar und rechtzeitig Grenzen setzt, hat großen Einfluss darauf, wie andere mit ihm umgehen.

Grenzen kommunizieren

Situationen, in denen man gerne schlagfertiger wäre, haben oft mit Grenzüberschreitungen zu tun: Dann hätte man gerne eine wirksame Waffe, um sich zur Wehr zu setzen und die anderen machtvoll in die Schranken zu verweisen. Doch nicht wenige Leute kommen deshalb in die Bredouille, weil sie ihre Grenzen überhaupt nicht zu erkennen geben oder nicht konsequent genug dazu stehen. So gibt es Menschen, die mit Arbeit regelrecht zugeschüttet werden – weil sie immer Gewehr bei Fuß stehen und unendlich belastbar erscheinen.

Wer sich immer wieder an die Wand gedrängt fühlt, weiß oft selbst nicht, wo seine Grenzen liegen und ab wann andere ihm auf die Füße treten. Machen Sie sich zuerst klar, wo Sie gesunde Grenzen setzen möchten. Dies ist ein solides Fundament, um sie anderen auch mitteilen zu können.

Übung

Finden Sie heraus,
- wo Sie Grenzen setzen möchten
- in welchen Situationen Sie Nein sagen wollen

Nur wenn Sie selbst Ihre Grenzen kennen, können Sie sie Ihrem Umfeld rechtzeitig mitteilen – freundlich, bestimmt und überzeugend. Schaffen Sie Klarheit und reden Sie darüber,
- womit Sie nicht klarkommen, was Sie stört oder verletzt
- welches Verhalten Sie sich wünschen

So geben Sie sich und anderen die Möglichkeit, manch kritische Situation erst gar nicht entstehen zu lassen.

Nein sagen – und Nein meinen

Ertappen Sie sich manchmal selbst dabei, dass Sie Nein sagen, es aber gar nicht so richtig meinen? Schwächen Sie Ihr Nein vielleicht ab und reden um den Brei herum, sodass Ihr Gegenüber nicht wirklich weiß, was Sache ist? Oder machen Sie dann doch, was Sie vorher mit einem Nein quittiert haben?

Wenn Sie etwas nicht tun möchten, sollten Sie das nicht nur rechtzeitig, klar und deutlich kommunizieren, sondern dazu stehen und sich selbst daran halten.

Sind andere von Ihrer Entscheidung abhängig oder gibt es Termine, denen Sie sich verpflichtet fühlen? Dann kann es sein, dass Sie sich bei dem Gedanken, Nein zu sagen und kategorisch abzulehnen, schlecht fühlen und es einfach nicht über's Herz bringen. In solchen Fällen haben Sie immer die Möglichkeit, einen Kompromiss zu schließen. Sie können sich bereit erklären, die Aufgabe diesmal ganz oder teilweise zu übernehmen, und gleichzeitig deutlich sagen, dass es sich um eine – letzte – Ausnahme handelt. Treffen Sie anschließend eine klare Vereinbarung für die Zukunft.

Wichtig

Sorgen Sie dafür, dass die alten Gewohnheiten nicht wieder einreißen. Bleiben Sie am Ball und sorgen Sie dafür, dass die neue Vereinbarung auch eingehalten wird – von Ihnen selbst und von den anderen. Sonst laufen Sie Gefahr, dass man immer wieder auf Sie zukommt. Und dass man Sie grundsätzlich nicht besonders ernst nimmt, da Sie zwar „Nein" sagen, es aber nicht wirklich meinen.

15. Körpersprache

Die nonverbalen Botschaften spielen in der zwischenmenschlichen Kommunikation eine große Rolle. Ganz besonders in kritischen Situationen.

Den Körper bewusst einsetzen

Gedanken und Emotionen wirken sich auf den Körper aus und umgekehrt. Machen Sie sich dieses Prinzip zunutze, achten Sie bewusst auf Ihren Körper und setzen Sie ihn gezielt und konstruktiv in eigener Sache ein: um schnell wieder die Fassung zu gewinnen und sich innerlich aufzubauen. Und um dem Gegenüber Interesse, Stärke und Souveränität zu signalisieren. In der Praxis sieht das beispielsweise so aus:

- Halten Sie Augenkontakt mit dem „Angreifer", schauen Sie ihn direkt an – anstatt verlegen wegzugucken oder abwertend die Augen zu verdrehen.
- Nehmen Sie eine aufrechte Körperhaltung ein – anstatt in sich zusammenzusacken.
- Bemühen Sie sich um ruhige und langsame Bewegungen – anstatt sich durch hektische und fahrige Gestik in den Spannungszustand hineinzusteigern und einen unsicheren Eindruck zu vermitteln.
- Sprechen Sie extra langsam und deutlich, um sich zu beruhigen. Sie werden bemerken, wie sich dies auf Ihre Stimme überträgt.

Wichtig

Eine geschickt eingesetzte Körpersprache kann Ihre verbalen Aussagen unterstreichen. Da die nonverbale Botschaft sogar mehr Durchschlagskraft hat als die verbale, ist es wichtig, neben solchen Techniken

auch die Körpersprache zu lernen und zu üben.
In kritischen Situationen ist es besonders wichtig, aufmerksam zuzuhören und gleichzeitig auf Mimik und Gestik zu achten. Wenn beispielsweise jemand versucht, mit einer sachlichen Argumentation die Situation zu entspannen, ihm aber Wut und Ärger ins Gesicht geschrieben stehen, dann wird er sein Ziel kaum erreichen – sondern eher das Gegenteil.

Eine starke mentale Grundlage schaffen

Es ist sehr sinnvoll, neben der Körpersprache auch an den Gedanken und Einstellungen zu arbeiten. Dann müssen Sie immer weniger bewusst auf Ihren Körper achten und Ihren „eigentlichen" inneren Zustand überdecken. Allein dadurch, dass Sie den „Angreifer" nicht als gefährlichen Gegner sehen und sich innerlich souverän fühlen, kommen Sie schon stark rüber: Und Ihr Körper unterstreicht das auf natürliche Art und Weise und ganz automatisch.

Tipp

Da körpersprachliche Signale sehr rasch ausgesendet werden, kann man regelrecht von ihnen überrumpelt werden. Und Ihrem Gegenüber bleiben sie in der Regel nicht verborgen. Aber anstatt sich dafür zu schämen oder sie durch einen starken Spruch zu überdecken, kann man sie zum Thema machen. Sie können Ihre unbewusste körperliche Reaktion direkt ansprechen: „Jetzt haben Sie mich so böse angeguckt und angefahren, dass ich richtig zusammengezuckt bin!" So werden Sie schnell wieder ruhig, bleiben souverän und können auch diese Situation für sich retten.

16. Situationen schnell erfassen

Je schneller man ein Bild davon bekommt, was gerade passiert, umso leichter kann man reagieren – im eigenen Interesse und der Situation angemessen.

Was geht hier ab?

Natürlich kann man sich eine Liste guter Antworten zulegen, um in einer entsprechenden Situation schnell und gezielt zu kontern. Da man aber mit sehr unterschiedlichen Menschen und Situationen konfrontiert wird, ist es sinnvoller, die eigene Aufmerksamkeit und Flexibilität zu trainieren.

Die Fähigkeit, Situationen fix zu analysieren und sich schnell Durchblick zu verschaffen, ist Gold wert. Und diese Fähigkeit lässt sich tatsächlich schulen.

Bleiben Sie in einer kritischen Situation konzentriert, um Ihr Gegenüber richtig einzuschätzen. Dies ist ein wesentlich lohnenderes Ziel, als möglichst schnell zu reagieren.

- Handelt es sich um jemanden, der grundsätzlich gerne ironisch ist und eine große Klappe hat? Oder um einen Fremden, über den Sie nichts wissen? Oder ist es der nette und ruhige Kollege, mit dem Sie sonst prima klarkommen?
- Wie ist Ihr Gegenüber drauf?
  Ist der andere richtig verärgert, schlecht gelaunt oder gesundheitlich angekratzt? Oder will er sich anscheinend nur aufspielen?
- Gibt es eine Vorgeschichte? Was könnte dahinter stecken? Ist möglicherweise irgendetwas zwischen Ihnen beiden vorgefallen? Oder kommt die Sache aus heiterem Himmel?
- Wie ist Ihre Beziehung grundsätzlich?
  Gibt es seit einiger Zeit Spannungen zwischen Ihnen? Oder haben Sie normalerweise eine gute Beziehung?

Beispiel

Es ist ein riesiger Unterschied, ob die Attacke von einem gestressten Verkäufer kommt, der offensichtlich überfordert ist. Oder ob eine Ihnen nahe stehende Person Sie angreift, die mit Ihnen schon seit längerer Zeit ein Hühnchen zu rupfen hätte und es bisher nicht getan hat.

Situationsgerecht und personenbezogen agieren

All diese Informationen sind wichtig, um angemessen und erfolgreich reagieren zu können. Beispiele:

- Wenn die Person Ihnen nahe steht und vor kurzem etwas zwischen Ihnen vorgefallen ist, könnten Sie direkt sein: „Du bist sauer auf mich. Ist es deswegen, weil ...?"
- Wirft Ihnen ein Fremder oder ein schlecht gelaunter Mensch eine blöde Bemerkung an den Kopf – gucken Sie freundlich und belassen Sie's dabei.
- Wenn Ihnen Ihr Chef eine ironisch verpackte Nachricht zukommen lässt, können Sie den Inhalt sachlich wiedergeben oder direkt nachfragen. „Kein Mensch legt die Unterlagen ab wie Sie" könnten Sie so entschärfen: „Was genau stört Sie an meinem Ablagesystem?"

Wichtig

Es gibt viele Gründe, warum Leute andere anmachen – dahinter kann Stress, eine dumme Angewohnheit oder einfach nur schlechte Laune stecken. Wenn Sie die Situation analysieren und dann gezielt reagieren, gehen Sie nicht nur mit Ihrer Energie sparsam um. Sie können auch viel mehr erreichen.

17. Konsequenzen fix abwägen können

Schlagfertig reagieren zu können, ist nur dann wertvoll und positiv, wenn man damit auch das erreicht, was man beabsichtigt hat.

Mögliche Konsequenzen vorher bedenken

Jedes Verhalten hat Folgen und Nebenwirkungen. Bedenken Sie für den „Ernstfall", welche Konsequenzen Ihre Schlagfertigkeit haben kann. Entscheiden Sie bewusst und clever, wie Sie sich verhalten.

Eine große Rolle spielt Ihr jeweiliges Gegenüber. Was beim einen auf fruchtbaren Boden fällt, geht beim anderen leicht nach hinten los. Deshalb ist es sinnvoll zu beachten:

- Wer ist Ihr Gegenüber?
- Ist er oder sie eher empfindlich, zurückhaltend oder aufbrausend?
- Wie wird er oder sie wahrscheinlich reagieren?

Beispiel

Eine saftige verbale Retourkutsche kann sehr unterschiedliche Folgen haben, beispielsweise wenn

- die rhetorisch geschickte Kollegin, die für verbale Spielchen gern zu haben ist und sich in Szene setzt, mit einem noch besseren Spruch kontert,
- der sensible Freund getroffen ist und sich wortlos zurückzieht,
- der Sachbearbeiter in die Offensive geht und es zu einem handfesten Krach kommt.

Was will ich grundsätzlich erreichen?

Gute Schlagfertigkeit hilft Ihnen dabei, das zu erreichen, was Sie tatsächlich beabsichtigt haben – und zwar nicht nur in der Situation selbst, sondern auch längerfristig. Die Fähigkeit, in kritischen Momenten einen kühlen Kopf zu bewahren, ist auch deshalb so wichtig, weil man nur dann die Folgen wirklich abschätzen kann.
Eine weitere Voraussetzung ist, sich seiner grundsätzlichen und langfristigen Ziele bewusst zu sein.

Ein Beispiel:
Ein Kollege hat Sie wegen eines Versehens angeschnauzt. Sie möchten:

- Ihr sonst gutes Verhältnis nicht belasten,
- klar machen, dass sein Umgangston Sie verletzt hat.

Wenn Sie diese Ziele deutlich vor Augen haben, ist es sehr viel leichter, sich nicht zu einer unüberlegten Verbalattacke hinreißen zu lassen, sondern einen vielversprechenderen Weg zu wählen. Sie sollten nicht in die Defensive gehen oder die beleidigte Leberwurst spielen. Entscheiden Sie sich bewusst dafür, das Gespräch unter vier Augen zu suchen und Ihrem Kollegen zu sagen, dass er Recht hat, Sie sich für das Versehen entschuldigen – und dass Sie in Zukunft freundlicher auf Fehler hingewiesen werden möchten.

Wichtig

Schlagfertiges Reagieren bringt einen nur weiter, wenn man damit die eigenen Ziele erreicht – und zwar auch längerfristig. Es ist sehr hilfreich, sich grundsätzlich darüber im Klaren zu sein, wie man bei anderen Leuten ankommen und welche Art von Beziehungen man haben möchte.

18. „Das hätte ich sagen sollen!"

Selbst wenn einem erst später in den Kopf kommt, wie man hätte reagieren können: Auch daraus kann man etwas lernen.

Zu spät! – wirklich?

Natürlich können Sie die Uhr nicht zurückdrehen und dieselbe Situation tatsächlich noch einmal erleben. Aber Sie können die Situation mental durchspielen und sie unter die Lupe nehmen – um daraus zu lernen.

Wichtig

Auch wenn es verständlich und nachvollziehbar ist: Lassen Sie Ihre Gedanken nicht um das kreisen, was Sie hätten sagen und tun sollen! Verurteilen Sie sich nicht dafür, wieder einmal „versagt" zu haben. Dies ist nicht nur zwecklos, sondern Sie nehmen sich dadurch selbst den Wind aus den Segeln – und machen es sich sehr schwer, aus dem zu lernen, was passiert ist. Es ist möglich, die eigenen Gedanken bewusst zu steuern und sich auf das zu konzentrieren, was Sie tatsächlich in der Hand haben – nämlich sich selbst zu motivieren und nach vorne zu schauen.

Bitte belassen Sie es nicht bei oberflächlichen Statements wie: „Das wäre die optimale Reaktion gewesen! Das hätte ich wirklich sagen oder tun sollen!"
Jetzt haben Sie eine große Chance, die Sie nutzen sollten: Spielen Sie die Situation durch und stellen Sie sich vor, Sie hätten tatsächlich so reagiert, wie Sie es sich im Nachhinein

wünschen. Seien Sie ehrlich: Wäre diese Reaktion in Ihrem Sinne gewesen?

Die Antworten auf folgende Fragen können Ihnen dabei helfen:

- Was hätte Ihre Reaktion beim anderen ausgelöst?
- Wie wären Sie damit umgegangen?
- Wie hätten Sie sich in der Situation gefühlt?
- Würde diese Art von Schlagfertigkeit zu Ihnen passen?
- Hätten Sie damit Ihre wirklichen Ziele erreicht – in der Situation selbst, aber auch für die Zukunft?

Für die Zukunft lernen

Egal wie Ihre Beurteilung ausfällt: Sie können auf jeden Fall aus dem Erlebnis lernen. Wenn die schlagfertige Reaktion, die Ihnen erst im Nachhinein in den Sinn gekommen ist, tatsächlich positiv und hilfreich für Sie gewesen wäre, dann ist sie ein gutes Lernziel – auf das Sie Schritt für Schritt hinarbeiten können. Wenn das nicht der Fall ist, sollten Sie keinen weiteren Gedanken daran verschwenden und die Sache ad acta legen. Oder sich weiter mit der Situation beschäftigen und eine hilfreichere Alternative zum ersten „Das hätte ich sagen können" ausarbeiten.

Tipp

Auch wenn Sie in einer Situation selbst nicht reagiert haben und alles andere als schlagfertig waren, heißt das noch lange nicht, dass Sie die Sache auf sich beruhen lassen müssen. Gehen Sie zu einem späteren Zeitpunkt auf die betreffende Person zu und suchen Sie das Gespräch. Lassen Sie sich überraschen, wie viel Sie erreichen können, wenn Sie Menschen persönlich, offen und in aller Ruhe ansprechen – auch und gerade im Nachhinein.

19. Sich von anderen inspirieren lassen

Auch in puncto Schlagfertigkeit kann man Menschen im eigenen Umfeld beobachten – und von ihnen lernen.

Was haben andere mir voraus?

Beim Stichwort ‚Lernen' fallen uns zuerst Bücher und Kurse ein. Dabei ist der Alltag eine gute Schule, den eigenen Horizont zu erweitern – und zwar live und direkt durch andere Menschen. Es lohnt sich, aufmerksam zu sein und bewusst zu erleben, wie andere sich in kritischen Situationen benehmen und bewähren. Sie können neue Impulse für Ihr eigenes Verhalten bekommen, wenn Sie auf Folgendes achten:

- Wie reagiert der Betroffene verbal? Was wird inhaltlich gesagt?
- Wie sieht die Körpersprache der Person aus? Welche Haltung nimmt sie ein? Wie guckt sie? Was fällt an Mimik und Gestik auf?
- Wie sicher, souverän und stark kommt die Person rüber? Wie ernst wird sie genommen?
- Wird dem „Angreifer" Ablehnung, Aggression, Überlegenheit, Ärger, Interesse oder Offenheit vermittelt?
- Wie kommt die Botschaft an? Wie entwickelt sich die Situation weiter?

Tipp

Notieren Sie sich, was Sie von den Reaktionen anderer ‚abkupfern' können. Nutzen Sie diese Informationen, um Ihren eigenen Stil zu finden und auszubauen.

Guter Rat muss nicht teuer sein

Um unmittelbar von anderen zu lernen, sollten Sie das Thema Schlagfertigkeit bei Gelegenheit direkt ansprechen. Vielleicht kennen Sie jemanden, der in dieser Hinsicht kompetent ist oder den Sie vielleicht sogar bewundern. Suchen Sie das Gespräch und bitten Sie in eigener Sache um Rat.

Vielleicht haben Sie einen aktuellen Anlass und sich gerade in einer kritischen Situation nicht besonders bewährt: Wählen Sie sich eine Person aus, die Ihnen auf die Sprünge helfen kann. Es gibt überall Menschen, die in Frage kommen: in der Familie, im Bekannten- oder Kollegenkreis. Denken Sie auch an Ihren Chef oder andere Führungspersönlichkeiten in Ihrem Unternehmen. Möglicherweise ist jemand darunter, dem Sie vertrauen und der Sie wirklich inspirieren kann.

Eine weitere Möglichkeit besteht darin, professionelle Unterstützung in Anspruch zu nehmen: Seminare oder Workshops, individuelles Coaching oder auch Psychotherapie, wenn tiefe Ängste und große Unsicherheiten im Spiel sind.

Beispiel

Sie erleben mit, wie eine Kollegin souverän und schlagfertig reagiert, als sie während einer Besprechung von einem Kollegen unterbrochen und kritisiert wird. Sie können sie in der Pause oder nach der Arbeit darauf ansprechen: Machen Sie ihr ein Kompliment und sagen Sie offen, dass Sie ihre Reaktion gut finden und warum. Vielleicht verrät sie Ihnen ihr „Geheimrezept". Fragen Sie nach, wie sie es gelernt hat und schafft, so zu reagieren. So bekommen Sie Informationen aus erster Hand – und möglicherweise hilfreiche Tipps für Ihr eigenes „Projekt Schlagfertigkeit".

20. Beweglichkeit im Gespräch trainieren

Gute Schlagfertigkeit hat nichts mit vorgefertigten „guten Antworten" zu tun. Sie ist flexibel und individuell – nicht statisch und berechenbar.

Den ersten Schock schnell verdauen

Dreh- und Angelpunkt bei verbalen Angriffen ist der Zeitpunkt unmittelbar danach. Das ist der Moment der Überraschung, in dem sich starke Gefühle zu Wort melden und sich die Gedanken im Kopf überschlagen. Um auch in kritischen Situationen beweglich zu bleiben und die Fäden in der Hand zu behalten, ist es wichtig, sich schnell vom Schock zu erholen.
Das heißt in der Praxis: Reagieren Sie nicht sofort und treten Sie innerlich einen Schritt zurück. Konzentrieren Sie sich auf sich selbst, um die nötige Ruhe zurückzugewinnen.

Schnell runterkommen

Die zwei wichtigsten Techniken, um wieder reaktionsfähig zu werden, sind:

- die Atmung: Holen Sie sofort tief Luft – das lockert nicht nur Verkrampfungen, sondern versorgt Ihr Hirn mit dem nötigen Sauerstoff! Atmen Sie tief in den Bauchraum hinein. Das verlangsamt den Puls, und Sie werden automatisch ruhiger.
- Trennen: Was (Inhalt) und Wie (Form/Emotionen).

Beweglichkeit trainieren

Folgende Techniken helfen Ihnen dabei, wendiger und reaktionsschneller zu werden:

- Assoziationsübungen:

Fürs Trockentraining sind Assoziationsübungen gut geeignet. Das können absurde Wortspielereien (Was klingt so ähnlich? Was reimt sich auf? Wie klingt es mit verdrehten Buchstaben?) oder Umgangssprachliches (Welcher Spruch/Welches Zitat/ Welcher Witz fällt mir dazu ein?) sein. Dies hat einen positiven Nebeneffekt: Ihr gespeichertes Wissen wird wieder präsenter.

- Die Emotions-Spekulation:

Diese Technik eignet sich wunderbar zum Nachbereiten einer Situation. Lassen Sie Revue passieren, wie Sie sich gefühlt haben. Vielleicht waren Sie gekränkt und verschlossen. Nun spekulieren Sie, mit welchem anderen Gefühl Sie auf diese Situation hätten reagieren können: lachen, weinen oder aggressiv sein ... Spielen Sie jeweils die Situation weiter durch. Welche Auswirkungen hätten die einzelnen Reaktionen auf Ihr Gegenüber gehabt?

- Anekdoten und Erinnerungen:

Überlegen Sie in alltäglichen Situationen, welche Anekdote Ihnen dazu einfällt – oder auch, was Ihnen jemand erzählt hat, was Sie im Fernsehen gehört oder in der Zeitung gelesen haben. Das ist eine Super-Übung für Situationen, in denen man eh nichts Besseres zu tun hat (Warteschlange in der Post). Beobachten Sie Ihre Umgebung: Die Frau da sieht aus wie Christine. Die hat mal auf offener Straße ein wildfremder Mensch gefragt, ob er sich ihr zu Füßen werfen darf.

Wichtig

Bei diesen Übungen geht es nicht darum, besonders originelle Ideen oder Erinnerungen zu haben. Vielmehr bringen Sie Ihr Gehirn auf Trab und halten es in alle Richtungen beweglich, sodass Sie für den Ernstfall gewappnet sind.

21. Über sich selbst lachen können

Gute Schlagfertigkeit hat mit Unverkrampftheit und Humor zu tun. Wer locker ist und auch mal über sich lachen kann, hat viel bessere Karten.

Locker mit sich sein

Nehmen Sie sich nicht immer zu bierernst. Wenn Sie sich zugestehen, mal Fehler machen zu dürfen oder ins Fettnäpfchen zu treten, tun Sie sich auch in puncto Schlagfertigkeit leichter. Wenn Sie nämlich ein gesundes Verhältnis zu Ihren Schwächen haben, stecken Sie es leichter weg, wenn Ihnen mal ein Fehler unter die Nase gerieben wird. Und: Wenn Sie entspannt bleiben können, fällt Ihnen im Ernstfall auch viel schneller ein, wie Sie humorvoll und locker kontern können.

Wichtig

Wer sich selbst Fehler verzeihen und lachenden Auges zugeben kann „Sie haben Recht! Da habe ich tatsächlich Mist gebaut“, macht es den anderen leicht, auf einen zuzukommen und auch mal kritisches Feedback zu äußern. Das Risiko, dass andere einem an den Karren fahren wollen oder sich aus eigener Unsicherheit und Angst im Ton vergreifen, sinkt deutlich, wenn man selbst offen und locker ist.

Lachen, nicht lächerlich machen

Die Kunst, über sich lachen zu können, hat nichts damit zu tun, eine Situation oder sich selbst nicht ernst zu nehmen. Vielmehr geht es darum, innerlich locker und entspannt zu sein: Das ist die Voraussetzung für Gelassenheit. Sich zum Lachen zu zwingen, wenn man traurig oder wütend ist, wird Sie nicht weiter bringen.

Fällt es Ihnen schwer, über sich zu lachen? Das kann man üben! Am besten klappt es, wenn Sie Ihre Aufmerksamkeit darauf richten, wie es Ihnen gerade geht: „Aha. Jetzt verkrampfe ich mich und bin wütend auf mich selbst." Indem Sie Ihre eigenen Stimmungen beobachten und kommentieren, werden Sie innerlich gelöster. Konzentrieren Sie sich auf das, was in Ihnen vorgeht – so vergrößert sich der emotionale Abstand und Sie können gelassener reagieren.

Vor anderen über sich lachen können

Um in kritischen Momenten locker zu bleiben und humorvoll zu reagieren, muss man sich selbst und die eigenen Schwachpunkte kennen.
Überlegen Sie, in welchen Situationen Sie sich leicht verkrampfen. Vielleicht werden Sie an der Supermarkt-Kasse hektisch, weil Sie Ihr Kleingeld nicht sofort finden und ernten einen vorwurfsvollen Blick von der gestressten Kassiererin. Zu lernen, selbst lockerer zu bleiben, lohnt sich: Denn möglicherweise kommen Sie dann erst gar nicht in diese Zwickmühle. Und selbst wenn, können Sie die Sache viel entspannter nehmen und müssen nicht bei einer Retourkutsche Zuflucht suchen. Und: Entspanntes Verhalten ist ansteckend.

Übung

Können Sie über sich selbst lachen? Ihnen ist ein Missgeschick passiert. Sie haben in Gesellschaft irgendwas „Dummes" gesagt oder sind ins Stocken gekommen. Erinnern Sie sich an Situationen, in denen Sie am liebsten vor Scham im Boden versunken wären, die aber durchaus auch komisch waren.

22. Aktiv im Gespräch sein

Auch in kritischen Situationen ist es möglich, die Fäden in der Hand zu behalten und den Verlauf des Gespräches nicht nur dem anderen zu überlassen.

Präsent sein

Auch wenn Sie attackiert, dumm angemacht oder unfair kritisiert werden: Überlassen Sie das Feld nicht Ihrem Gegenüber. Aufmerksamkeit und Präsenz sind wichtige Voraussetzungen, um wirklich aktiv am Gespräch teilzunehmen. Je aufmerksamer Sie sind, umso leichter bekommen Sie mit, was genau Sache ist und was Ihr Gegenüber Ihnen eigentlich mitteilen will. Achten Sie darauf, wann das Gespräch vielleicht kippt und in die falsche Richtung geht – umso schneller und gezielter können Sie reagieren. Außerdem verstärkt sich Ihre persönliche Ausstrahlung, wenn Sie in der Situation voll konzentriert sind.

Tipp

Präsent und aktiv zu sein bedeutet nicht, dass Sie sich in jedem Falle sofort auf ein Gespräch einlassen müssen. Die beste und sinnvollste Entscheidung kann auch sein, das Gespräch abzubrechen und auf einen anderen Zeitpunkt zu verschieben: „Ich bin total perplex und kann im Moment nicht klar denken. Bitte lassen Sie uns morgen über das Thema sprechen."

Das Gespräch aktiv mitgestalten

Was für Kommunikation grundsätzlich gilt, sollten Sie auch in kritischen Situationen immer im Hinterkopf behalten: Sie sind kein Spielball anderer Leute. Sie müssen nicht nur reagieren, sondern können und sollen das Gespräch selbst mitgestalten und auch steuern. Gesunde Schlagfertigkeit bedeutet, dass Sie nicht nur im ersten Moment gut und zielsicher reagieren, sondern sich auch in einem längeren Gespräch bewähren können. Aktiv im Gespräch zu sein, sieht beispielsweise so aus:

- Fragen stellen und nachhaken
- den sachlichen Kern herausarbeiten
- auf das zentrale Thema zurückkommen, wenn der andere abdriftet
- selbst ein anderes Thema anschneiden
- explizit fragen, was der Gesprächspartner erwartet
- Vorschläge machen, wie Sie weiter vorgehen möchten

Klartext reden

Es ist sehr wichtig, die eigenen Gedanken, Vorstellungen und Meinungen klar und unmissverständlich auszudrücken. Wer um den heißen Brei herumredet, sich zweideutig ausdrückt oder nicht wirklich festlegen will, vergibt Chancen und wirkt schwach. Üben Sie in Alltagssituationen, Ihre Wünsche und Erwartungen klar und offen auszusprechen. Je leichter es Ihnen fällt, auf den Punkt zu kommen und unmissverständlich zu kommunizieren, umso eher können Sie sich in heiklen Situationen bewähren.

Wichtig

Wenn Sie Ihre Meinung, Wünsche und Erwartungen klar und deutlich äußern – gepaart mit dem nötigen Fingerspitzengefühl natürlich –, schlagen Sie zwei Fliegen mit einer Klappe. Sie erleichtern anderen die Kommunikation mit Ihnen, indem Sie Unklarheiten und Missverständnisse vermeiden. Und Sie punkten zusätzlich, indem Sie selbstbewusster und souveräner wirken.

23. Offen und interessiert

Grundsätzlich kann man sagen, dass sich gute Kommunikation durch vor allem zwei Eigenschaften auszeichnet: Neugierde und Interesse. Genau diese Eigenschaften sind auch in kritischen Situationen immens wichtig.

Was steckt dahinter?

Viele Menschen meinen, dass es ein Zeichen von Schwäche ist, sich für den „Angreifer" zu interessieren und auf ihn oder sie zuzugehen. „Das ist mir egal, was dahintersteckt, es ist einfach nur eine Frechheit!" Wer wirklich souverän und selbstbewusst sein will, sollte es nicht bei diesem Statement belassen. Denn Offenheit und Interesse sind in Wirklichkeit viel stärkere und effektivere „Waffen", als schlagfertiges Reagieren im negativen Sinne. Denn:

- Es ist viel leichter, innerlich wie äußerlich ruhig zu bleiben, wenn man zuerst etwas erfahren will – und nicht gleich selbst agieren muss.
- Man gewinnt Zeit, kann Spannungen abbauen und so gute Voraussetzungen schaffen, um konstruktiv weiterzumachen.
- Das Gegenüber kommt nicht so leicht davon: Der „Angreifer" kann die Sache nicht einfach abhaken oder vielleicht sogar Ihnen den schwarzen Peter zuschieben („Total überreagiert! Ich hatte es doch gar nicht so gemeint."), sondern muss sich mit Ihnen beschäftigen.
- Sie finden heraus, was dahinter steckt, können Missverständnisse klären, sich gegebenenfalls entschuldigen und Fehler korrigieren.
- Sie merken bald, wenn gar nichts dahinter steckt, und können die Sache ad acta legen.

Wichtig

Zu spekulieren, was wohl den anderen zu seiner Aktion veranlasst, bringt einen nicht wirklich weiter. Wenn Sie ihm prinzipiell unterstellen, dass er Sie provozieren, zur Schnecke machen oder klein halten will, ist das besonders kontraproduktiv. Denn erstens vergrößert man so den eigenen Stress. Zweitens tut man dem anderen vielleicht bitter Unrecht.

Dranbleiben und hartnäckig sein

Bitte erwarten Sie nicht, dass der andere sich sofort auf Sie einlässt, wenn Sie nachfragen. Gerade wenn Konflikte seit längerem schmoren und die Fronten verhärtet sind, ist die Angst oft groß, die Karten auf den Tisch zu legen. Es ist wichtig, nicht gleich einen Rückzieher zu machen oder die beleidigte Leberwurst zu spielen, wenn der andere sich bedeckt hält. Gehen Sie dem Konflikt auf den Grund, indem Sie nachhaken – interessiert und hartnäckig.

Wichtig

Vor allem mit Menschen, die Ihnen am Herzen liegen, oder mit denen Sie auch in Zukunft gut auskommen möchten, sollten Sie Konflikte klären und gemeinsam eine Lösung finden. Verbale Seitenhiebe, Sticheleien, unfaire Kritik, Bloßstellung vor anderen sind immer ein Zeichen dafür, dass irgendetwas nicht stimmt. Auch wenn Sie sich keiner Schuld bewusst sind: Nehmen Sie Ihren Mut zusammen, und suchen Sie das Gespräch. So bauen Sie sich nicht nur das Image einer offenen und souveränen Persönlichkeit auf, sondern werden auch innerlich immer stärker.

24. Übersetzen, was gemeint ist

„Worum geht's hier eigentlich?" ist die Frage, die man blitzschnell zwischenschalten muss, um nicht nur fix, sondern auch richtig zu reagieren.

Was kommt bei Ihnen an?

Nach Friedemann Schulz von Thun hören wir mit vier Ohren: dem Sach-Ohr, dem Beziehungs-Ohr, dem Selbstoffenbarungs-Ohr und dem Appell-Ohr. So entscheiden wir, auf welche Seite einer Nachricht wir reagieren.

Ein Beispiel: Ihr Chef ist verärgert und grummelt was von „alle unfähig".

- Sach-Ohr: Wie ist der Sachverhalt zu verstehen? („Da ist was schief gelaufen. Erst mal herausfinden, worum es genau geht.")
- Beziehungs-Ohr: Wie redet der eigentlich mit mir? Wen glaubt er vor sich zu haben? („Ich habe was falsch gemacht. Mein Chef hält mich für unfähig!")
- Selbstoffenbarungs-Ohr: Was ist das für einer? Was ist mit ihm? („Dem ist wohl eine Laus über die Leber gelaufen.")
- Appell-Ohr: Was soll ich auf Grund seiner Meinung tun, denken oder fühlen? („Heute bleibe ich länger und arbeite alles weg, um zu beweisen, dass ich fähig bin.")

Übung

Finden Sie heraus: Mit welchem „Ohr" höre ich vorrangig? Analysieren Sie eine Situation im Nachhinein: Was ist bei mir angekommen? Was sind die Alternativen? Setzen Sie die anderen „Ohren" ein.

Aufdröseln: Emotionen, Inhalte, Absichten

Verstehen, worum es *eigentlich* geht, bedeutet weder, sich alles gefallen zu lassen, noch dem anderen Recht zu geben. Um situationsgerecht und gut zu reagieren, ist es wichtig, die verschiedenen Ebenen zu erfassen:

- Die emotionale Ebene: Wie fühle ich mich?
- Die Sachebene: Worum geht es genau?
- Die Absicht des Gegenübers: Möchte er oder sie Dampf ablassen, provozieren, Feedback geben ...?

Um auf das Beispiel zurückzukommen:

- Emotional springt man sofort auf die Behauptung „alle unfähig" an. Denn dies ist nicht nur eine unfaire Pauschalaussage, sondern auch eine Beleidigung.
- Inhaltlich weiß man in diesem Fall noch gar nichts, außer, dass sich der Chef über etwas ärgert. Über wen oder was, ist nicht klar. Ebenso wenig, ob es sich um einen aktuellen Anlass oder ein generelles Ärgernis handelt.
- Auch die Absicht des Chefs ist noch verborgen: Hat er tatsächlich nur einen schlechten Tag und will sich Luft machen, oder ist er wegen einer konkreten Sache unzufrieden? Möchte er die Situation verbessern und hat vielleicht sogar bereits Vorstellungen?

Tipp

Sprechen Sie Ihr Gegenüber direkt an – ergründen Sie den Kern der Aussage.
„Worüber ärgern Sie sich gerade?" oder „Was ist schief gelaufen?" Durch offene Fragen bekommen Sie eine Antwort, mit der Sie etwas anfangen können. Verzichten Sie darauf, einen Angriff zu starten: „Aha! Sie denken, wir sind alle unfähig!"

25. Die direkte Konfrontation

Jemand hat eine Bemerkung fallen lassen, die Sie nicht recht deuten können. Sie sind wütend und verletzt. Jetzt heißt es: direkt konfrontieren.

Sofort oder später?

Es gibt kein Zeitlimit dafür, bis wann man sich jemanden zur Brust nehmen kann. Denken Sie also bitte nicht „Jetzt ist es eh schon zu spät“. Warten Sie auch nicht auf den „richtigen Zeitpunkt“. Oft hat man Scheu vor einem offenen Gespräch und sorgt dafür, dass der richtige Zeitpunkt nicht kommt ... bis man sich dann in ein „zu spät“ flüchten kann.

Gute Schlagfertigkeit hat viel mit Mut zu tun. Gerade wenn Sie das offene Wort nicht gewöhnt sind, wird das am Anfang gar nicht so leicht sein. Die gute Nachricht: Von Mal zu Mal wird es leichter.

Wichtig

Was möchten Sie klären?
Bevor Sie etwas offen ansprechen können, ist es wichtig, selbst Klarheit zu erlangen. Bin ich inhaltlich mit etwas nicht einverstanden? Geht mir ein unangebrachter Tonfall oder ein bestimmtes Verhalten gegen den Strich?

Unter vier Augen

Achten Sie darauf, dass niemand das Gesicht verliert. Auch wenn der Anlass für die Konfrontation ein Tiefschlag gewesen ist. Persönliche Dinge klärt man am besten vertraulich hinter verschlossenen Türen. Ist die Situation bereits vorbei, vereinbaren Sie einen Gesprächstermin. Sagen Sie klar und deutlich, worum es geht: „Ich möchte mit Ihnen noch mal über gestern sprechen. Ich verstehe, dass Sie aufgebracht waren. Doch es war nicht in Ordnung, wie Sie mich angegriffen haben. Mir ist wichtig, dass wir einen respektvollen Umgang pflegen." So kann sich Ihr Gegenüber auf das Gespräch vorbereiten. Durch Ihre souveräne Mitteilung, warum Sie das Gespräch suchen, signalisieren Sie, dass Sie sich nicht alles gefallen lassen, aber an einer Klärung interessiert sind.

Die Konfrontation

Gehen Sie immer ruhig ins Gespräch!

Schritt 1: Das Gespräch eröffnen, indem Sie Ihr Anliegen klar und aktiv ansprechen. Worum geht es genau? Was möchten Sie klären? Was war nicht in Ordnung?
Schritt 2: Machen Sie eine Sprechpause und schauen Sie freundlich. Ihr Gegenüber wird das Schweigen füllen.
Schritt 3: Stellen Sie zunächst Fragen. (Mehr dazu finden Sie in 26. Ein Patentrezept: Fragen.) Das hilft Ihnen, Ihr Gegenüber zu verstehen und Missverständnisse auszuräumen.
Schritt 4: Gemeinsam auf eine Lösung hinarbeiten. Das Gespräch sollte erst beendet werden, wenn eine Klärung da ist.

Wichtig

Schimpfen Sie niemals hinter dem Rücken eines anderen, um zurückzuschlagen. Auch Dampf ablassen in Form von Lästereien sollte in jedem Fall tabu sein. Ihnen würde es ebenso wenig gefallen, wenn jemand schlecht über Sie spricht. Und es schadet in erster Linie dem Ansehen und der Vertrauenswürdigkeit des Lästerers.

26. Ein Patentrezept: Fragen

Ihnen fällt nie etwas ein? Was garantiert immer funktioniert und keine spontane Geistesgegenwärtigkeit erfordert: Fragen stellen!

Der Fragende hat die Zügel in der Hand

Anstatt krampfhaft nach einer Retourkutsche zu suchen, ist es wichtiger, seine Handlungsfähigkeit schnell wieder herzustellen. Am besten klappt das mit Fragen! Wer fragt, lenkt das Gespräch und

- geht auf das Gegenüber ein,
- kann dadurch selbst sachlicher bleiben,
- kommt Missverständnissen schnell auf die Spur.

Ein weiterer Pluspunkt: Sie wirken dadurch souverän. Sorgen Sie dafür, den anderen erst mal sprechen zu lassen: Oberstes Ziel ist es, genau zu erfahren, worum es geht.

Wichtig

Stellen Sie immer konkrete Fragen. Häufig ist es wichtig, mehrmals nachzuhaken, bevor man an den Kern des Problems kommt. Das könnte so ablaufen: „Wenn ich es nicht mache, macht's keiner." Frage: „Sie sind der Meinung, dass ich nichts mache?" – „So hab ich das nicht gemeint." – „Wie haben Sie es denn gemeint?" – „Irgendwie bleibt alles an mir hängen." – „Was genau meinen Sie mit ‚alles'?"
Nur durch konkretes Fragen wird das Problem greifbar. Beide haben nun die Chance, es gemeinsam zu lösen.

Verschiedene Frage-Typen

Machen Sie sich mit den unterschiedlichsten Varianten des Fragens näher vertraut – es lohnt sich. Im Anhang finden Sie dazu auch einen Buchtipp.

Ein Beispiel: „Werden Sie erst mal so alt wie ich, dann verstehen Sie, was ich meine."

- Geschlossene Frage (wird nur mit Ja/Nein beantwortet):

„Wollen Sie damit sagen, dass meine Meinung wegen meines Alters nicht zählt?"

- Offene Frage (für qualitative Aussagen):

„Inwiefern spielt das Alter hier eine Rolle für Sie?"

- Rückversicherungs-Frage:

„Wenn Sie das Alter als Grund anführen, kommt das bei mir so an, als ob Sie mich für unreif halten und mich generell nicht für voll nehmen. Ist das der Fall?"

- Hypothetische Frage:

„Nehmen wir einmal an, ich wäre 20 Jahre älter: Würden Sie meine Ansicht dann berücksichtigen?"

Tipp

Gerade wenn man sich angegriffen fühlt, schnellt der Blutdruck nach oben. Eine gute Technik ist es, das emotionsgeladene Statement selbst noch einmal neu zu formulieren und sich nur auf den neutralen sachlichen Kern zu beziehen.
Beispiel: „Das ist ja völliger Schwachsinn, was Sie hier abgeliefert haben. Den Bericht kann ich so doch nicht abgeben." – „Sie sind mit meinem Bericht nicht einverstanden. Was genau stört Sie daran?" Allein durch diese Wiederholung wird die Situation für den Angegriffenen selbst besser handhabbar. Probieren Sie's aus!

27. Die Kunst, etwas zu überhören

Manchmal ist es klug, auf etwas gar nicht erst einzusteigen. Damit erledigen sich manche ungute Geschichten schon, bevor sie beginnen können.

Da will einer provozieren?

Ja, es gibt natürlich Menschen, die provozieren, um sich einen Spaß zu machen, um zu ärgern – oder um eine Reaktion zu erzwingen.
Doch nicht immer steckt Absicht dahinter. Es kann sein, dass jemand einen wunden Punkt trifft oder wir etwas hineininterpretieren. Manchmal ist das Gegenüber auch in einer Situation gefangen, weiß sich nicht anders zu helfen, reagiert taktlos oder einfach unbedacht.
Es wäre falsch, das Gegenüber – offen oder innerlich - abzustempeln: „So ein Idiot!"
Besser ist es zu signalisieren, wie etwas ankommt, und herauszufinden, worum es geht (→ 24. Übersetzen, was gemeint ist). Oder Sie weisen die Person unter vier Augen darauf hin, dass (und warum) sie mit ihrem Verhalten verbal daneben gelegen hat.

Übung

Was sind typische Themen oder Verhaltensweisen, die Sie als provokant empfinden? Was sind Ihre „Knöpfe", bei denen Sie emotional reagieren, wenn sie gedrückt werden? Nur wenn Sie sich in dieser Beziehung kennen, können Sie aktiv gegenwirken.

Überhören ist nicht ignorieren!

Nehmen Sie Ihr Gegenüber immer ernst! Jemanden komplett links liegen zu lassen und zu übersehen, wäre sehr unhöflich.

- Etwas ganz überhören:
Sie melden sich für ein neues Projekt. Ein Kollege ruft dazwischen: „Na, du musst ja viel Zeit haben."
Verschwenden Sie nicht Ihre Zeit, indem Sie sich ärgern oder eine Diskussion anzetteln. Bleiben Sie beim Thema und informieren Sie sich über die näheren Details des Projektes. Natürlich können Sie der Person auch ernst in die Augen schauen und sagen: „Das hab ich jetzt überhört."

- Etwas teilweise überhören:
Sie bekommen einen Anruf: „Wird aber auch Zeit, dass endlich einer abhebt. Bei euch arbeitet wohl keiner." Antwort: „Tut mir Leid, dass es etwas gedauert hat. Wie kann ich Ihnen helfen?" Hier gehen Sie auf den Inhalt, nicht auf die Provokation ein.

- Etwas übersehen:
Die Kollegin verdreht die Augen? Der Chef gähnt? Sehen Sie auch mal großzügig über etwas hinweg. Auch Sie verhalten sich nicht in jeder Lebenslage optimal.

Tipp

Nicht immer ist es einfach, etwas zu überhören. Besonders wenn es sich um eine Stichelei oder Ungerechtigkeit handelt. Tun Sie sich den Gefallen und erziehen Sie sich zu etwas Zurückhaltung und Toleranz. Denn die meisten Vorfälle sind in Sekundenschnelle erledigt und vergessen, wenn man ihnen nicht den Raum gibt oder sogar daran festhält.

28. Witzig und ideenreich

Mit Charme und Wortwitz lassen sich viele Situationen „entstressen" – und auch bei anderen punktet man mit diesen Qualitäten.

Ungewöhnliche Pointen

Sitzen Sie auch manchmal vor dem Fernseher und denken: „So schlagfertig wäre ich auch gern!" Vergessen Sie nicht, dass hinter diesen locker aussehenden Witzen harte Arbeit steckt: Was so spontan aussieht, ist durchdacht und einstudiert.

Tipp

Dem Fernsehen kann man durchaus was abschauen. So können Sie sich fragen: „Was würde Harald Schmidt hierzu wohl sagen?" oder „Wie würde Rachel aus ‚Friends' jetzt reagieren?" Wenn Sie in unterschiedliche Charaktere schlüpfen, fällt es Ihnen leichter, neue Blickwinkel zu gewinnen und dem eigenen Humor auf die Sprünge zu helfen.

Nicht witzig um jeden Preis!

Ziel darf nicht sein, dass man unbedingt Lacher erntet. In erster Linie geht es darum, dass Sie selbst die Situation entspannt angehen und dem Ganzen etwas Lustiges abgewinnen können.

Vermeiden Sie:

- auswendig gelernte Pointen, die gekünstelt wirken
- Witze auf Kosten anderer, die verletzt sein könnten
- Humor als Maske, hinter der Gefühle versteckt werden

Jeder Mensch kann witzig sein!

Um in einer Situation locker zu sein, ist es wichtig, über sich selbst lachen zu können (dazu mehr in 21). Denn Pointen leben von Authentizität und Leichtigkeit – und natürlich von Taktgefühl. Auch hier gibt es verschiedene Varianten:

- Auf die Sache einsteigen und übertreiben:

Die Kollegin kommt morgens rein: „Du bist ja schon da! Hast du hier übernachtet?"
„Oh, jetzt hast du mich erwischt! Ich roll nur noch gerade den Schlafsack zusammen."

- Etwas völlig Absurdes sagen:

Eine Konferenz. Ein Unternehmensberater kippelt mit seinem Stuhl und fällt mit Karacho um. Er richtet sich wieder auf und sagt trocken: „Ich kann's zweimal, ohne mir dabei weh zu tun!"

- Spruch oder Wortspiel anbringen:

Manchmal passt ein bestehender Spruch („Was uns nicht umbringt, macht uns stärker") oder Sie wandeln einfach ein bestehendes Zitat um („Mens sana in campari soda").

- Einzelne Laute:

„Ohhhhh", „Grrrrr", „Rrrroarrr" ... ob übertrieben-bedrohlich, äußerst verzückt oder neckisch ... richtig angebracht, sind einzelne Laute ein Knüller.

- Gestik und Mimik:

Schlagfertig und witzig kann auch eine spontane Grimasse oder ein theatralisches Händeringen sein.

Übung

Treffen Sie sich mit Freunden zu einem Spiele-Abend: Einer wirft eine kurze Bemerkung in den Raum und jeder überlegt sich, was er Witziges darauf sagen könnte (kann man auch schriftlich machen und dann vorlesen).

29. Ironie – ja oder nein?

Das Gegenteil von dem sagen, was man eigentlich denkt. Kritik „durch die Blume" äußern? Das geht leider in den seltensten Fällen gut.

Warum Hott meinen und Hü sagen?

Manche nennen es einen „feinen Sinn für Humor". Doch wenn man bei ironischen Zeitgenossen näher hinsieht, kommt häufig etwas ganz anderes zum Vorschein:

- Unfähigkeit, das offene Gespräch zu suchen
- Feigheit, die eigene Meinung zu vertreten
- Verbitterung wegen einer bestimmten Situation

Ironie kann eine Flucht sein. Denn die Hintertürchen „War ja nicht so gemeint", „Du hast ja keinen Humor", „Das hab ich gar nicht gesagt" sind dadurch immer sperrangelweit geöffnet. Ob Ironie eine Quelle von Missverständnissen ist oder tatsächlich ein witziges verbales Stilmittel, das hängt, wie so oft, von den Motiven ab.

Wichtig

Ein tatsächliches Anliegen hinter Ironie zu verstecken, frustriert oft. Der Kollege fragt: „Kannst du das bitte noch übernehmen?" – Obwohl Sie bis über beide Ohren in Arbeit stecken, lautet Ihre Antwort: „Ja logisch, mir war eh gerade langweilig, legt mir nur alles auf den Schreibtisch." Anschließend wundern Sie sich, dass Sie nicht mehr ernst genommen werden. Selbst schuld: Sie haben sich für die Arbeit doch angeboten!

Selbst ironisch werden

Möchten Sie Ironie in positiver Weise nutzen, dann heißt es wohl dosieren und eindeutig sein. Das bedeutet, nur hin und wieder etwas ironisch-witzig zu bringen. Und dann auch so stark zu übertreiben, dass man an Wortwahl, Sprechweise oder Mimik und Gestik sofort erkennt, was Sache ist.
Natürlich ist es wichtig, das Verhalten der vorhandenen Beziehung und Ihrer Persönlichkeit anzupassen.

Man begegnet Ihnen mit Ironie

Manchmal sind's die anderen, die ironisch sind. Dann ist es wichtig, erst mal abzuklären:

- Ist es witzig gemeint, will Sie jemand einfach nur auf den Arm nehmen?
- Ist der Grund tatsächlich Ärger, Unzufriedenheit oder Kritik?
- Oder steckt die unschöne Absicht dahinter, Sie vor anderen zu blamieren?

Wenn Sie unsicher sind, sollten Sie immer nachfragen: „Was meinen Sie damit?" oder „Warum sagen Sie das jetzt?" Verbirgt sich hinter der ironischen Bemerkung Kritik, sollten Sie Ihr Gegenüber bitte auch ansprechen, dass Sie in Zukunft direkt darauf hingewiesen werden möchten, wenn ihn oder sie etwas stört.

Ist es eine witzige Situation, dann sollten Sie herzlich mitlachen oder darauf einsteigen.

Übung

Ertappen Sie sich selbst dabei, ironisch oder sarkastisch zu sein? Dann lohnt es sich, sich näher anzuschauen, worum es genau geht und was Sie dabei stört.

30. Provokation!

Jemanden herausfordern, reizen, zu einer Reaktion zwingen … klug eingesetzt, können Provokationen durchaus nützlich sein. Für alle Beteiligten.

Sie möchten provozieren

Eine gezielt eingesetzte Provokation kann ein guter Verstärker sein, um eine Antwort zu bekommen. Wichtig ist wiederum ein konstruktives Motiv: Einen Inhalt zu klären oder eine Verhaltensweise zu verändern.

Beispiel:

Eine Situation am Arbeitsplatz spitzt sich zu. Sie haben Ihren Chef schon mehrmals darauf angesprochen, dass Ihre Abteilung personell unterbesetzt ist. Die Stimmung ist auf dem Nullpunkt angekommen – er aber reagiert nicht. Nun treten Sie auf den Plan:

„Müssen erst alle guten Leute kündigen?"

Werfen Sie diese Bemerkung nicht einfach in den Raum. Stellen Sie eine ehrlich gemeinte Frage, die Sie provokant formulieren. Blicken Sie Ihr Gegenüber interessiert und direkt an, während Sie auf eine Antwort warten. Wenn keine kommt – haken Sie nach. So verdeutlichen Sie den Ernst der Situation und fordern Ihr Gegenüber heraus, Stellung zu beziehen.

Keine Sorge: Auch wenn der andere nicht unmittelbar reagiert oder gar abblockt – Ihre Botschaft kommt an.

Wichtig

Provozieren nur um zu ärgern, bringt nichts. Im Gegenteil: Man macht sich damit keine Freunde. In der Regel gibt es Knatsch. Man ist selbst nicht zufrieden und das eigene Image bekommt Schrammen ab.

Sie werden provoziert

Wie gesagt: Nicht immer steckt eine Stichelei oder böse Absicht dahinter, wenn jemand provoziert.
Die schlechteste Reaktion ist, sich in der Provokation zu „verfangen", also voll darauf einzusteigen. Leider machen das die meisten Menschen.

Folgende Techniken können Ihnen helfen, aktiv damit umzugehen:
- Übersetzen (→ 24. Übersetzen, was gemeint ist)
- Konfrontieren (→ 25. Die direkte Konfrontation)
- Überhören (→ 27. Die Kunst, etwas zu überhören)
- Klar machen, dass der andere ohne Provokation mehr erreicht

Beispiel: Ihre Chefin möchte, dass Sie heute Überstunden machen, weil eine dringende Präsentation ansteht. Sie weiß, dass sie immer auf eine zuverlässige Mitarbeiterin wie Sie zählen kann, zudem haben Sie ein lockeres Verhältnis. Doch Sie trauen Ihren Ohren kaum, als Sie Folgendes hören: „Die Folien müssten wir alle noch mal ändern. Sie haben ja eh kein Privatleben, da macht es Ihnen ja sicher nichts aus, das heute noch zu erledigen."
Eigentlich humorvoll gemeint, fühlen Sie sich provoziert und kochen innerlich. „Frau Müller, Sie wissen, dass Sie jederzeit auf mich zählen können. Allerdings ist meine Motivation gerade unter den Nullpunkt gefallen. Schlimm genug, dass mein Engagement offensichtlich als selbstverständlich hingenommen wird. Ich werde auch noch wegen meiner Überstunden gefoppt."

Übrigens

Schnippisch reagieren oder gar zurückpöbeln, ist immer ein Schuss ins eigene Knie.

31. Zustimmen

Jetzt wird's diffizil: Denn dem Gegenüber zuzustimmen, kann ein sehr kraftvolles Werkzeug sein. Aber es soll natürlich kein Eigentor werden.

Bei sich bleiben

Die oberste Regel lautet hier: Seien Sie ehrlich mit sich selbst. Es geht nicht darum, zu allem Ja und Amen zu sagen! Das Motto „Der Klügere gibt nach" hat aber seine Berechtigung. Sofern es nicht als willkommene Ausrede benutzt wird, Konfrontationen aus dem Weg zu gehen.

Entscheiden Sie in der Situation, wie Sie die Inhalte gewichten: Ist es sinnvoller, etwas kurz zu bestätigen, anstatt auf etwas einzugehen, das endlose Ping-Pong-Diskussionen oder Streit nach sich zieht? Oder ist es für Sie erstrebenswerter, die Sache schnell zu erledigen?

Wichtig

Sprechen Sie immer offen an, wenn Sie eine Bemerkung oder ein Verhalten verletzt hat. Benutzen Sie Ich-Botschaften („Es verletzt mich, wenn …") und keine Anklagen nach dem Motto „Du machst immer …".

Zustimmen

Sie können ganz oder teilweise zustimmen. Wenn Sie jemandem Recht geben, ersparen Sie sich beispielsweise eine Diskussion, die Ihnen nicht wichtig ist. Oder Sie übernehmen die Führung und entscheiden, worüber Sie sprechen wollen – und worüber nicht.

Eine Zustimmung kann ganz unspektakulär sein:

- „Stimmt."
- „Ich respektiere deine Ansicht."
- Im Prinzip zustimmen. Beispiel: Jemand beschwert sich bei Ihnen, dass Ihre Arbeit noch nicht fertig ist – mit gutem Service habe das ja wohl nichts zu tun. – „Mich ärgert es auch, wenn ich länger auf etwas warten muss."

Mitlachen

Es geht nicht darum, sich zur Witzfigur zu machen!

Beispiel: Eine Team-Assistentin hat etwas zugenommen. Im Großraumbüro macht ein Kollege einen entsprechenden Witz. Sie ist innerlich getroffen, lacht aber mit.

Beispiel: Ein großes Budgetmeeting. Der Vertriebsleiter stellt seine Prognosen vor. Aus Gewohnheit hat er seine Tabellen so formatiert, dass zwei Dezimalstellen nach dem Komma angezeigt werden. Alle anwesenden Manager schütten sich vor Lachen darüber aus, dass der Vertriebsleiter eine Umsatzsteigerung von exakt 24,37 % für das nächste Jahr beziffert!

Im letzteren Fall ist es am besten, herzlich mitzulachen. Und damit ist es auch schon ausgestanden. Wenn man nun aber ernst und peinlich-berührt irgendwelche Entschuldigungen stammelt oder sich zurückzieht, kann man wetten, dass sich das Ganze zu einer permanenten Neckerei entwickelt. Oder dass man vor seinen Kollegen als humorlos dasteht.

Wichtig

Gehen Sie anschließend sofort zur Tagesordnung über, indem Sie sich wieder anderen Dingen widmen. Oder Sie leiten zum eigentlichen oder einem neuen Thema über.

32. Auf Kurs bleiben

Möglichst geradlinig beim Thema zu bleiben oder es bewusst zu wechseln – auch das ist Schlagfertigkeit.

Beim Thema bleiben

Manche Bemerkungen sind Nebelbomben, die eine aktuelle Thematik nur verschleiern. Andere sind wie Schmeißfliegen – einfach nur lästig. Beide erreichen trotzdem häufig ihren Zweck: Man lässt sich vom eigentlichen Kurs abbringen.
Beispiel: Sie interessieren sich für eine Fortbildung. Ihr Chef will sie nicht bewilligen. Schließlich fällt der Satz: „Frauen werden eh schwanger und dann ist das Know-how für die Firma verloren."
Sie sind empört über diese Pauschalaussage. Schnell möchten Sie darauf gut kontern, um Ihrem Chef die Stirn zu bieten. Und kommen damit voll vom eigenen Kurs ab – nämlich Ihrer Argumentation für die Fortbildung.

Wichtig

Schlagfertigkeit bedeutet nicht, auf alles eine Antwort zu haben und überall zu kontern. Behalten Sie immer Ihre eigenen Interessen im Blickfeld!

Zum Thema kommen

„Bis man hier mal eine Antwort bekommt, wächst einem ja ein Bart." – Verschwenden Sie Ihre Zeit nicht, um nach einer schlagfertigen Antwort zu suchen. Beweisen Sie Größe und kommen Sie souverän zum Thema: „Ja, leider ist die Antwort aus der Personalabteilung noch nicht da. Sie können sich auf mich verlassen: Ich kümmere mich sofort darum und rufe Sie dann an." Damit geht es allen Beteiligten besser.

Das Thema wechseln

Eine der besten Möglichkeiten, über eine Situation hinwegzugehen, die Sie als ungut empfinden – etwa ein unproduktives oder ärgerliches Gespräch – ist, einfach ein neues Thema anzuschneiden. Ein bewusster Themenwechsel sollte allerdings immer seine Berechtigung haben.

Beispiel: Sie sollen einen Kollegen auf einem wichtigen Kundenbesuch begleiten. Es gibt eine Vorbesprechung mit dem Chef. Ihr Kollege soll die kaufmännische Seite übernehmen, Ihr Part ist die Vorstellung einer neuen Kampagne. Ihr Kollege fragt Sie vor dem Chef: „Traust du dir das auch wirklich zu? Ich greif dir da gerne unter die Arme."

Auch hier geht es nicht um eine schlagfertige Antwort. Viel souveräner ist es, nicht auf den Unterton einzugehen oder Ihren Ärger darüber zu zeigen, dass der Kollege so etwas vor dem Chef sagt. Sondern sich freundlich (!) zu bedanken und dann direkt das Thema neu zu steuern.
„Danke für das Angebot. Du kannst dich voll auf deinen Part konzentrieren. (An den Chef gewandt): Ich werde die Präsentation diesmal auf jeden Fall mit Laptop halten, um ..."

Tipp

Natürlich ist es auch hier wichtig, Ihr Gegenüber ernst zu nehmen. Also nicht, wie das manchmal geraten wird, einfach irgendwas zu plappern: Wer ein Sprichwort anbringt, das völlig fehl am Platze ist, oder einfach über das schöne Wetter redet, der wird sich zu Recht Ärger einhandeln. Oder wie würde Ihnen das gefallen, wenn man Sie plötzlich mit Dingen konfrontiert, die nichts mit der Sache zu tun haben oder ganz offensichtlich völlig abwegig sind?

33. Bloßgestellt?!

Vor anderen Leuten kritisiert oder abgekanzelt ... der Inhalt eines vertraulichen Gesprächs wird ausgeplaudert ... wie geht man mit Bloßstellung um?

Öffentlich kritisiert

Bei einer Kundenveranstaltung gibt es Pannen. Ihr Chef sagt: „Bitte haben Sie Verständnis: Unsere Frau Huber hat das zum ersten Mal gemacht."
In dem Moment, wo Sie vor anderen kritisiert werden, ist es sehr wichtig, geistesgegenwärtig zu bleiben. Sie sollten

- die Außenwirkung beachten:

Wenn Sie offen zeigen, dass Sie beleidigt sind oder eine schnippische Bemerkung machen, bekommen die Anwesenden ein schlechtes Bild vom Unternehmen und der internen Zusammenarbeit.

- die Situation des Publikums berücksichtigen:

Unfreundliche Wortwechsel, böse Blicke und eine eisige Stimmung führen dazu, dass man die Anwesenden einer unangenehmen Lage aussetzt.

- für sich einstehen:

Aber nicht, indem Sie sich rechtfertigen oder andere schlecht machen, sondern indem Sie vor Ort zeigen, dass Sie alles im Griff haben: „Leider ist – entgegen der Verabredung – die Kaffeepause noch nicht vorbereitet worden. Bitte machen Sie

Wichtig

Öffentliche Kritik fällt auf die Person zurück, die sie geübt hat. Jemanden vor anderen bloßzustellen, ist keine feine Art – und das weiß das unfreiwillige Publikum durchaus zu bewerten.

mit dem Workshop noch eine Viertelstunde weiter. Ich organisiere in der Zwischenzeit alles."

Vertrauen missbraucht?

Persönliche Gespräche sollten immer vertraulich behandelt werden. Gibt jemand einen Gesprächsinhalt weiter, so kann es sein, dass das unbedacht passiert. Beispiel: Sie haben mit einer Kollegin darüber gesprochen, dass Sie sich mit dem aktuellen Projekt etwas überfordert fühlen – nun spricht diese das öffentlich in der Abteilungsbesprechung an.
Achten Sie darauf, wie etwas gesagt wird:

a) „Wir hatten gestern über das Projekt gesprochen. Ich glaube, Marianne hätte gern Hilfe."
b) „Marianne hat mir erzählt, dass sie der Sache nicht gewachsen ist. Ich könnte das Projekt übernehmen."

In jedem Fall ist wichtig:

- Reagieren Sie auf den Kern der Sache: Steckt ein Körnchen Wahrheit darin?

a) „Ja, ich wäre froh über etwas Unterstützung."
b) „Das ist ein Missverständnis. Ich habe das Projekt voll im Griff." Noch glaubwürdiger ist es, auf die Gründe für dieses Missverständnis einzugehen. „Im Hinblick auf die Budgetierung wäre es hilfreich für mich, mich mit dem Controlling zusammenzusetzen."

- Sich nicht vor Publikum in einen Streit verwickeln:

Selbst wenn Sie über die Aussage der Kollegin zornig sind: Je sachlicher Sie sind, desto souveräner und selbstsicherer kommen Sie rüber!

Wichtig

Sprechen Sie gleich nach dem Vorfall, spätestens aber am nächsten Tag, mit der anderen Person unter vier Augen, um Art und Inhalt der Aussage zu klären.

34. An die Wand gedrängt

Wahlmöglichkeiten, die gar keine sind? Mehrere Leute haben sich gegen Sie verschworen? Fühlt man sich in die Enge getrieben, schlägt man schnell um sich.

Alternativen, die keine sind

Der Telefonverkäufer will Ihnen ein neues Produkt vorstellen. Sie haben bereits abgelehnt. „Passt es Ihnen besser, wenn ich am Montag um 10 Uhr oder am Mittwoch um 14 Uhr komme?"

- Nicht überrumpeln lassen!

„Der Punkt ist nicht der Termin, sondern dass ich kein Interesse habe. Danke für das Angebot und einen schönen Tag noch."

- Den anderen mit seinem Verhalten konfrontieren:

„Von einem Verkäufer erwarte ich, dass er meine Bedürfnisse ernst nimmt und nicht einfach darüber hinweggeht. Genau das tun Sie aber gerade."

- Die eigene Meinung darlegen:

„Ich habe bereits abgelehnt."

Bleiben Sie freundlich und sachlich. Eine kurze, prägnante Ausdrucksweise unterstreicht Ihre Entschiedenheit und lädt nicht zu zusätzlichen Diskussionen ein.

Tipp

Nicht immer sind Situationen so eindeutig. Stellt man Sie vor eine Wahlmöglichkeit, die eher an Erpressung grenzt oder Ihnen sehr eingeschränkt erscheint, dann verlegen Sie sich auf's Fragen: „Welche Möglichkeiten gibt es außerdem?"

Alle gegen einen?

Beispiel: Eine Kollegin verkündet: „Da du immer so gut organisierst, solltest du dich diesmal um die gesamte Planung der Weihnachtsfeier kümmern. Hand hoch, wer noch dieser Ansicht ist!" (Alle im Großraumbüro heben die Hand.)

- Machen Sie klar, dass es hier nicht um eine Mehrheitsabstimmung geht.

„Moment. Es freut mich, dass ihr so zahlreich für mich stimmt. Aber hier geht es nicht um eine Abstimmung ..."

- Lehnen Sie direkt und unmissverständlich ab, wenn Sie sicher sind, dass Sie damit nichts zu tun haben möchten.

„Ich werde die Weihnachtsfeier nicht organisieren."
Tipp: „Werde nicht" ist eindeutiger als „möchte nicht".

- Sind Sie grundsätzlich nicht abgeneigt, signalisieren Sie den Grad der Bereitschaft.

„Ich werde die Weihnachtsfeier auf keinen Fall allein organisieren. Allenfalls werde ich einen Teil übernehmen. Ich könnte mich ums Catering kümmern."
Sagen Sie möglichst konkret, wie viel an Arbeit Sie übernehmen wollen.

- Mit Humor den „Anstifter" in die Pflicht nehmen.

„Tja, Pech gehabt. Ich stehe gar nicht zur Wahl. Da du aber eben gezeigt hast, wie fix und entscheidungsfreudig du bist, kannst du das ja machen. Herzlichen Glückwunsch!"
Und um Ihrer Antwort noch das i-Tüpfelchen aufzusetzen, können Sie dem Überrumpler die Hand schütteln.

Tipp

Im Amerikanischen gibt es eine sehr klare Variante, wenn ein ‚Nein' nicht akzeptiert wird: „Which part of no didn't you understand?"– „Welchen Teil von ‚Nein' haben Sie nicht verstanden?"

35. Ich möchte etwas nicht tun

Will jemand Ihnen eine ungeliebte Arbeit aufs Auge drücken – eventuell sogar mit einem verbalen Seitenhieb? Dann sollten Sie besser argumentieren statt schmollen.

Nein sagen: Vorsicht, Falle!

Folgende Argumente erreichen zwar ihr Ziel, gehen aber nach hinten los:

- argumentieren, als wäre man sich zu gut dafür („Dafür hab ich nicht studiert“)
- auf andere verweisen: „Immer ich, nie die anderen“
- die Sache abwerten, indem man sich selbst wichtiger macht: „Ich habe was Besseres zu tun“
- sturköpfig, aber ohne Argumente: „Das sehe ich nicht ein“
- Zeitnot vortäuschen: „Dafür habe ich jetzt wirklich keine Zeit“

Gute Argumente sind hingegen sachlich formuliert und konzentrieren sich auf den Inhalt. Und gute Argumente vorzubringen, hilft nicht nur Ihrer Schlagfertigkeit: Es ist auch förderlich für Ihr Image und erhöht die Erfolgswahrscheinlichkeit.

Wichtig

Übertreiben Sie es nicht mit Ihrem Misstrauen. Bitte unterstellen Sie nicht immer gleich böse Absichten, wenn Sie eine Arbeit mit einem Lob übertragen bekommen. Da werden positive Worte oft sehr schnell als „Schleimertrick“ abgetan. Das ist schade und unfair!

Gut reagieren

Beispiel: „Okay, dann machen wir um zwei das Meeting. Susanne, kümmerst du dich um den Kaffee?“ Susanne ist neu. Sie weiß nicht, wie sie das einschätzen soll: Wird ihr der Kaffeejob angetragen, weil sie die einzige Frau ist?

- Habe ich damit ein Problem?

Bitte ehrlich überlegen: Vielleicht ist es überhaupt kein Thema für Sie, sich um den Kaffee zu kümmern. Glauben Sie bloß nicht, sich „aus Prinzip“ dagegen sträuben zu müssen.

- Nachfragen:

„Kein Problem, ich kümmere mich diesmal gerne darum. Wie wird das denn generell gehandhabt mit vorbereitenden Tätigkeiten bei Meetings?“

Die Fragestellung erreicht mehrere Dinge: 1. Die Bereitschaft und Bestätigung, sich zu kümmern, 2. Das „diesmal“ schränkt ein, 3. Die Mitarbeiterin fragt nach, wie es in der neuen Firma läuft, anstatt direkt den Kollegen etwas zu unterstellen.

- Konstruktiv sein:

Je nachdem wie die Antwort beim Nachfragen ausfällt, hat sich die Sache vielleicht bereits geklärt, etwa wenn herauskommt, dass man sich abwechselt. Bestätigt sich die Annahme, dass Sie den Kaffeejob bekommen, weil Sie die einzige Frau sind, dann ziehen Sie Ihre Grenze: „Ich kümmere mich gerne *auch* um den Kaffee, aber nicht generell.“ Fragen Sie nach („Wie möchten wir das in Zukunft in der Abteilung regeln?“) oder machen Sie einen Vorschlag („Ich finde, wir sollten uns abwechseln“).

Wichtig

Reagieren Sie möglichst nie im Affekt: Das gilt mündlich genauso wie schriftlich. Nie spontan im Ärger eine Antwort raushauen!

36. Ausgelacht

Ein blödes Gefühl, wenn man denkt, dass andere sich über einen lustig machen. Doch manchmal ist das auch nur Spekulation oder die eigene Unsicherheit.

Lachen, mitlachen oder auslachen?

Auch wenn die meisten Menschen niemals absichtlich jemanden verletzen würden, gibt es natürlich Situationen, in denen man sich nicht sicher ist: Macht sich da jemand lustig?

Es ist wichtig, das eigene Gefühl immer ernst zu nehmen. So geht es nicht darum, zu bewerten, ob man „objektiv betrachtet" lächerlich gemacht wird – sondern es ist wichtig, dass Sie einer Situation, in der Sie sich nicht wohl fühlen, nachgehen.
Wenn andere lachen, steckt keineswegs immer böse Absicht dahinter. Es kann auch sein,

- dass andere einen harmlosen Scherz machen, den Sie persönlich nehmen
- dass jemand auf den eigenen Beifall schaut und nicht bemerkt, dass er Sie damit trifft

Übung

Wenn andere lachen oder tuscheln: Beziehen Sie das schnell auf sich selbst und sind dadurch verunsichert? Denken Sie einmal an unterschiedliche Situationen (mit Freunden, am Arbeitsplatz, in der U-Bahn) – verändert sich etwas an Ihrer Selbsteinschätzung? Was und inwiefern?
Hilfreiche Techniken finden Sie auch unter 27. Die Kunst, etwas zu überhören.

Was passiert mit mir, wenn ich mich ausgelacht fühle?

Wie reagieren Sie, wenn Sie sich ausgelacht fühlen?

- Ihr Gefühl: Ich bin verunsichert – traurig – zornig – enttäuscht – beleidigt – sprachlos – gekränkt – besonders selbstbewusst
- Ihre Reaktion: Ich suche den Grund bei mir. – Ich mache eine humorvolle Retourkutsche. – Ich bin nachtragend. – Ich sinne auf Rache. – Ich weine. – Ich werde rot. – Ich gehe weg. – Ich schlage zurück. – Ich lästere bei anderen. – Ich spreche die Person darauf an.

Wie zufrieden sind Sie mit Ihrer Reaktion? Was finden Sie gut, was hinderlich? Inwiefern machen Sie Unterschiede in puncto Inhalt und Personen?

Aktiv werden

Haben Sie das Gefühl, dass Ihr Gesprächspartner sich über Sie lustig macht – durch Bemerkungen, Ironie oder einen bestimmten Gesichtsausdruck –, dann sprechen Sie ihn direkt an:
„Machen Sie sich gerade über mich lustig?"
„Ich habe das Gefühl, Sie nehmen mich nicht ernst."
Bemühen Sie sich um einen sachlichen Tonfall und gehen Sie nicht gleich zum Angriff über.

Tipp

Gerade wenn man verunsichert ist, ist der Rat, das direkte Gespräch zu suchen, oft nicht so hilfreich. Denn was ist, wenn man sich nicht traut? – In diesem Fall ist es wichtig, sich innerlich konstruktiv damit auseinander zu setzen. Gehen Sie mit Hilfe der obigen Fragen die Situation theoretisch durch. So lernen Sie sich nicht nur selbst besser kennen, sondern können künftig aktiv eingreifen.

37. Wie peinlich!

Jetzt ist es passiert: Vor Scham möchten Sie am liebsten im Boden versinken. Peinliche Situationen wird es immer geben. Aber man kann lernen, besser damit umzugehen.

Peinlich, peinlich...

Setzen Sie sich bewusst Situationen aus, die Ihnen unangenehm sind. Finden Sie es schrecklich, wenn alle Aufmerksamkeit auf Sie gerichtet ist? Dann probieren Sie Folgendes: Ziehen Sie sich verrückt an und gehen Sie durch eine Fußgängerzone. Oder suchen Sie sich den geschützten Raum eines Theaterkurses. In solchen Situationen haben Sie die Kontrolle über „die Blamage“, die Dinge verlieren ihren Horror und Sie werden selbstbewusster.

Tipp

Wie bewerten Sie Dinge, die Ihnen peinlich erscheinen, wenn es um andere geht? Oft beurteilt man sich selbst sehr viel strenger. Ein Standpunktwechsel hilft, eine gesunde Perspektive zu gewinnen.

Mit eigenen Fehlern umgehen

Es gibt Perfektionisten, die kleine Missgeschicke zu Riesenproblemen machen – das kann dazu führen, dass man die Situation auch in den Augen anderer verschärft („Offenbar ist das doch eine größere Sache, wenn die Person solch einen Wirbel darum macht“). So gut es ist, Fehler ernst zu nehmen und sich um Lösungen zu kümmern, so wichtig ist auch ein gesunder Maßstab.

Sie sollten Fehler niemals vertuschen, sondern sich dafür entschuldigen, wenn es angebracht ist.

Wenn Sie in der peinlichen Situation stecken

Beispiel: In einer Besprechung können Sie eine Frage nicht beantworten. Sie werden rot.

- In die Offensive gehen:

„Das weiß ich im Moment nicht. Ich finde es für Sie heraus und komme auf Sie zurück."
Je nach Dringlichkeit entscheiden Sie, ob es eine Information ist, die Sie spontan beschaffen können (Kollegen fragen, Unterlagen holen) oder ob Sie sie nachreichen.
Ist Ihnen die Situation unangenehm, weil Sie die Antwort kennen sollten, nehmen Sie sich und anderen den Wind aus den Segeln und sprechen genau das an: „Das ist mir jetzt etwas peinlich." Schlagen Sie dann vor, die Antwort nachzureichen. Das nimmt sofort Druck weg.

- Witze nur machen, wenn es angebracht ist:

Sind Sie in lockerer Gesellschaft, etwa in einem informellen internen Meeting, dann können Sie die Situation mit Humor nehmen:
„Mein Gehirn setzt gerade aus!"
Vorsicht: Sprüche wie „Alzheimer lässt grüßen" sind nicht besonders amüsant, wenn jemand der Anwesenden mit der Krankheit zu tun hat, etwa weil ein Angehöriger darunter leidet.

Generell ist wichtig, dass Sie selbst keine große Sache daraus machen!

Tipp

Glühende Wangen sind jedem unangenehm. Und manche taktlosen Zeitgenossen setzen noch eins drauf: „Du wirst ja ganz rot!" Bestätigen Sie das einfach mit „Ja" und gehen dann zum Thema über.

38. Typisch!

Alle Frauen sind emotional. Alle Männer sind Kommunikationslegastheniker. Schieben Sie den „Typisch-Klischees" gleich einen Riegel vor!

Nicht selbst die Klischees bedienen

Bei Dingen, die einen selbst betreffen oder die einen stören, hört man sehr genau hin. Nicht selten verhält man sich aber genauso – und es ist einem gar nicht mal bewusst. Sicherlich haben Sie auch schon erlebt, dass jemand etwas fragt und dabei auf seinen Haarschopf zeigt: „Sie sehen ja, ich bin blond ..."

Solche Aussagen bedienen bestehende Klischees. Und da gibt es kaum jemanden, der sich komplett ausnehmen kann – unbedachte Äußerungen oder tatsächliche Vorurteile in Bezug auf Männer und Frauen, Berufsgruppen, in puncto Bildung, jung oder alt, dick oder dünn, hübsch oder hässlich, arm oder reich ...

Tipp

Messen Sie selbst mit zweierlei Maß? Vielleicht beklagen Sie sich über Vorurteile, weil Sie eine akademische Ausbildung haben und in der Firma als „theoretischer Klugscheißer" abgestempelt werden. Gleichzeitig lästern Sie abends mit Freunden darüber, dass alle höheren Manager unfähig sind und viel Geld für nichts bekommen.

Klischees begegnen

Sie haben wieder verschiedene Möglichkeiten, wie Sie reagieren können:

Beispiel: „Hübsche Leute haben nix in der Birne!"

- Freundlich-sachlich ins Verhör nehmen:

Dabei wiederholen Sie die Aussage in neutraler Formulierung und fragen interessiert nach:
„Du behauptest also, dass jeder, der gut aussieht, dumm ist? Ist das dein Ernst?"
Dann schweigen Sie und schauen erwartungsvoll. So wird Ihrem Gegenüber deutlich, wie unsinnig die Aussage ist.

- Die Aussage umkehren:

Dabei drehen Sie die Aussage genau um und führen die Absurdität des Vorurteils vor:
„Das heißt, du bist der Ansicht, dass jeder hässliche Mensch intelligent ist?"

- Den Spieß umdrehen:

Nehmen Sie ein Kriterium, das auf das Gegenüber passt, und formulieren Sie eine ähnliche Pauschalaussage:
„Wie fänden Sie es, wenn jemand behauptet ‚Alle Sekretärinnen können nur Kaffee kochen und Fingernägel lackieren'?"

- Nach „Beweisen" fragen:

Hier ist es wiederum wichtig, dass Sie sachlich und interessiert fragen:
„Tatsächlich. Wie sind Sie zu dieser Aussage gekommen?"

Tipp

Wenn Sie selbst Pauschalaussagen treffen (alle/immer/typisch/war ja klar etc.), sollten gleich die Alarmglöckchen klingeln: Berichtigen Sie sich selbst und formulieren Sie die Sache neu und konkret – ohne Verallgemeinerung.

39. Eindeutig zweideutig?

Obszöne Witze, anzügliche Bemerkungen ... nicht immer findet man das so witzig. Aber was tun, um nicht als Spaßbremse zu gelten?

Humor und Takt

Sexistische Witze oder Äußerungen sind keinesfalls nur ein Frauenthema. Auch Männer sind von Anspielungen bis hin zu Beleidigungen ganz genauso betroffen. Das geht schon damit los, dass man unterstellt, alle Männer wollten nur das Eine. Beide Geschlechter sollten sich an die Nase packen und in dieser Hinsicht etwas taktvoller miteinander umgehen.

Tipp

Humor ist immer Ansichtssache: Der eine findet einen Witz geschmacklos, der nächste lacht sich kaputt. Das gilt für Männer ebenso wie für Frauen. Grundsatzdiskussionen bringen beim Thema Witze gar nichts: Sind obszöne Witze frauenfeindlich? Politisch nicht korrekt? Einen Witze-Erzähler werden Sie nicht missionieren. Konzentrieren Sie sich darauf, Ihre persönliche Grenze klarzumachen.

Auf Zweideutigkeiten reagieren

Vorsicht! Wenn Sie beleidigt, verbissen oder zickig reagieren, erreichen Sie in der Regel eins: Sie schaden Ihrem Image und fordern Ihr Gegenüber heraus, nach dem Motto: „Jetzt erst recht!“

Wichtig ist es, sachlich zu bleiben und eindeutig Ihre Meinung zu sagen.

- Die Sache, nicht aber die Person angreifen:

Den Fehler, das Gegenüber anzugreifen, macht man schnell – gerade wenn man aufgewühlt ist. Seien Sie so konstruktiv, die Sache in den Vordergrund zu stellen.
„Ich finde obszöne Witze ziemlich daneben und möchte Sie bitten, in meiner Gegenwart keine mehr zu erzählen."

- Sie finden es einfach nicht lustig:

Gerade wenn jemand einen Witz erzählt, ohne sich was dabei zu denken, ist es wichtig, keine große Sache daraus zu machen – Ihr Ziel ist es ja, künftig möglichst keine mehr zu hören. Ein Publikum, das nicht lacht, bringt nichts. Der Witzbold wird sich andere Zuhörer suchen.
„Ich kann über so was nicht lachen." Schauen Sie dabei aber bitte ernst!

- Eine lockere Retourkutsche bringen:

Manche Zweideutigkeiten fordern eine lockere Retourkutsche geradezu heraus. Wenn Sie es mit Humor nehmen und dem anderen gekonnt eine „mitgeben", dann ist auch das eine gute Möglichkeit. Vorsicht: Sie sollten niemanden verletzen oder vor anderen lächerlich machen!
Beispiel:
„Warum können Frauen nicht hübsch und gleichzeitig intelligent sein? – Dann wären sie ja Männer!"
„Soso. Und wie nennt man eine Frau, die wie ein Mann arbeitet? – Faules Weib."

Wichtig

Die goldene Regel: Lachen Sie niemals über etwas, das Sie nicht zum Lachen finden! Das ist nämlich ein klassischer Fehler: Man spendet eifrig Beifall, und ist fortan natürlich erst recht Adressat entsprechender Ergüsse.

40. Unter der Gürtellinie

Nicht immer geht es um harmlose Witze: Teilweise wird man böse angemacht oder fühlt sich regelrecht sexuell belästigt. Begeben Sie sich nicht auf dasselbe Niveau.

Ablenkungsmanöver?

Ist da jemand einfach taktlos? Zielt jemand absichtlich böse unter die Gürtellinie? Oder ist das Ganze nur ein Ablenkungsmanöver?

Beispiel: Ein Kollege hat einen Fehler gemacht, der die ganze Abteilung unnötige Arbeit gekostet hat. Sie regen sich auf und stellen ihn zur Rede. Der kontert: „Da hat wohl jemand seine Tage." In dem Moment, wo Sie auf diesen Spruch einsteigen, hat sein Ablenkungsmanöver geklappt: Der Fehler ist erst einmal vergessen. Lassen Sie sich nicht so leicht manipulieren!

Tipp

Gehen Sie immer auf beides ein: Die Sachlage/das Motiv und die unangebrachte Bemerkung.

Souveränität ist Trumpf

Sprüche unterhalb der Gürtellinie sind unterstes Niveau. Die müssen Sie sich keinesfalls gefallen lassen, sondern möglichst souverän „darüber stehen". Mit Selbstbewusstsein weisen Sie den Sprücheklopfer gehörig in seine Schranken und zeigen ihm – und den Umstehenden – damit, wer die Oberhand hat und wer das arme Würstchen ist. Und das, ohne selbst beleidigend zu werden.

Beispiel: „Ich sehe schon. Sie sind wohl sexuell frustriert!"

- Signalisieren, dass die Bemerkung eher dem Sprücheklopfer weh tut. Dabei sollten Sie nicht auf den Inhalt eingehen, sondern auf die Tatsache selbst:

„Auf der Liste der hilflosen Antworten dürfte das Platz 1 sein."
„Diese Bemerkung sagt sehr viel über Sie aus."
„Traurig, dass Sie offenbar so antworten müssen, oder?"

- Sich diese Art verbitten und das Gespräch verschieben:

„Ich bin erstaunt, dass Sie nicht nur unsachlich, sondern beleidigend sind. Solange Sie so mit mir sprechen, werde ich das Gespräch unterbrechen."

- Zum Thema zurückkehren:

„Diese Bemerkung ist ein Armutszeugnis für Sie. Zurück zum Thema: ..."
Wichtig ist, dass Sie sich nicht großartig mit der Diskussion über den Fehltritt aufhalten, sondern ausdrücken, wie daneben es ist und wieder zum Gespräch überleiten.

- Den anderen in die Pflicht nehmen und konfrontieren:

Dabei sagen Sie mit fester Stimme, wie es Ihnen geht, halten Blickkontakt und schauen schweigend. Sie werden sehen: Diese Situation wird Ihrem Gegenüber sehr unangenehm sein.
„Ich bin sehr betroffen, dass Sie so mit mir reden."
„Sie verletzen mich gerade."

Wichtig

Auch wenn's schwer fällt: Lassen Sie sich nie dazu hinreißen, Ihr Gegenüber zu beschimpfen – weder direkt, noch gegenüber Dritten.

41. Wut und Ärger

Sie könnten platzen vor Wut! Nun heißt es schnell wieder runterkommen, denn außer Kontrolle kann man weder schlagfertig noch souverän agieren.

Was ärgert mich?

In der Regel weiß man, was einen auf die Palme bringt: Die Kollegin, die ständig privat telefoniert und jammert, dass sie mit der Arbeit nicht fertig wird. Der arrogante Kollege oder der Chef, der Unterlagen immer ewig auf seinem Schreibtisch bunkert und erst kurz vor dem Abgabetermin damit herausrückt. Oder natürlich Verhaltensweisen wie das Nicht-Einhalten von Terminen oder Schlampigkeit.

Bitte setzen Sie sich damit auseinander, was Sie ärgert und warum. Sie werden sehen, es lohnt sich. Wenn Sie sich das bewusst machen, können Sie auch besser darauf reagieren.

Sie könnten heulen vor Wut?

Achten Sie auf Ihre Reaktionen, wenn Sie sauer sind: Die einen werden laut, die anderen bekommen hektische Flecken, werden aggressiv oder weinen Zornestränen. Das Stichwort ist: außer Kontrolle. Die Emotionen regieren. Und damit wird jede Reaktion zum Glücksspiel.

Übung

Analysieren Sie, was Sie ärgert. Unterscheiden Sie, was Sie so richtig wütend macht und welche Dinge Sie „ärgern", „nerven", „enttäuschen", „traurig machen". Ärger hat viele Gesichter. Wir werfen das nur oft alles in einen Topf. Wie reagieren Sie jeweils darauf?

Das Gespräch meistern

- Notprogramm:

Möglichst schnell „runterkommen". Atmen Sie tief bis in den Bauchraum hinein. Das beruhigt automatisch. Lockern Sie sich bewusst (an die Gesichtsmuskeln denken!). Manche Leute schwören auf Knautschbälle, da die Bewegung die Anspannung aus dem Körper leitet.

- Die Emotionen ansprechen:

Sprechen Sie aus, wie Sie sich fühlen: „Ich könnte platzen vor Wut!", „Ich bin stocksauer, weil ..." – damit weiß Ihr Umfeld, was Sache ist. Das offene Aussprechen nimmt sofort Druck von uns selbst.

- Fragen machen souverän:

Wenn man sauer ist, ist es mit der Gelassenheit nicht weit her. Hilfreich kann es hier sein, wenn Sie Fragen stellen. Sie stärken Ihre Souveränität, weil sie zur Sachlichkeit zwingen und damit den Grundstein für eine konstruktive Klärung legen.

- Humor als Ventil:

Humor heißt nicht, etwas ins Lächerliche ziehen. Achten Sie also darauf, dass die Beteiligten die Sache nach wie vor ernst nehmen. Das funktioniert, wenn Sie selbst ernsthaft bleiben, auch wenn Sie sich humorvoll ausdrücken.
(„Ich löffel die Suppe jetzt für dich aus, weil's eilig ist. Du kannst dich in der Zwischenzeit schon mal vor mir in Sicherheit bringen.")
Danach sollten Sie mit der betreffenden Person unter vier Augen sprechen, um die Angelegenheit zu klären.

Tipp

Gelassenheit und „Nerven haben" hat auch viel mit Ihrer körperlichen Verfassung zu tun. So macht zu wenig Schlaf dünnhäutiger und auch unregelmäßiges Essen wirkt sich negativ auf Ihr Nervenkostüm aus.

42. Danach: Ich fühle mich schlecht

Sie haben sich vorgenommen, diesmal schlagfertig zu sein. Tatsächlich aber standen Sie schon wieder sprachlos daneben. Oder haben Sie „gewonnen" und fühlen sich trotzdem schlecht?

Wieder nicht gewusst, was sagen?

Oft macht man sich unrealistische Vorstellungen: Bisher war ich gar nicht schlagfertig, aber nachdem ich dieses Buch gelesen habe, werde ich in jeder Situation offen zu mir stehen. Dann ist es soweit – und nichts passiert. Sie sollten jetzt bloß nicht verärgert oder enttäuscht über sich sein. Wie so vieles ist auch Schlagfertigkeit eine Übungssache. Und etwas Geduld – mit sich – muss schon sein!
Statt sich zu ärgern, ist es besser, konstruktive „Manöverkritik" zu üben.

Übung

Seien Sie erst einmal „innerlich schlagfertig": Versetzen Sie sich in die Situation zurück. Was würden Sie jetzt sagen wollen?

Revue passieren lassen

- Wer war beteiligt?
- Worum ging es genau?
- Wie haben Sie sich gefühlt?
- Was hätten Sie rückblickend gerne gesagt?
- Wie haben Sie tatsächlich reagiert?
- Was lernen Sie daraus für das nächste Mal?

Achtung: Es geht nicht darum, sich die tollsten Pointen auszudenken, sondern um die Analyse der Situation. Finden Sie heraus, was Sie gut gemacht haben und was Sie künftig beachten möchten. Loben Sie sich auch für kleine Schritte.

Es geht mir nicht gut

Es kann passieren, dass Sie „eigentlich“ stolz auf sich sein könnten: Sie haben eine Situation schlagfertig gemeistert. Und doch fühlen Sie sich danach schlecht.
Ein typisches Beispiel: Endlich haben Sie ein klares „Nein“ über die Lippen gebracht. Das Gespräch ist gut gelaufen, Ihr Gegenüber hat alles akzeptiert. Doch jetzt meldet sich der Zweifel: War das wirklich richtig? Hätte ich es nicht doch machen sollen? Mag mich der andere jetzt vielleicht nicht mehr? ...

Stopp! Es ist sehr gut, sich auch im Nachhinein Gedanken darüber zu machen, wie die Situation gelaufen ist. Doch unkonstruktives Gedankenwälzen bringt gar nichts. Außer dass Sie, nachdem Sie einen Schritt vorwärts gemacht haben, schnell wieder zwei Schritte zurückgehen. Und das wäre ja schade.

Jede Veränderung fühlt sich ungewohnt an. Ob das ein „Nein“ ist oder ob Sie zum ersten Mal in Ihrem Leben im Kollegenkreis einen Witz erzählen. Erleben Sie das Ungewohnte – aber mit interessierter Neugier!

Tipp

Kaufen Sie sich ein leeres Büchlein: Ihr „Schlagfertigkeits-Buch“. Schreiben Sie darin all Ihre Gedanken, Ideen und Fortschritte zum Thema auf: Situationen, in denen Sie schlagfertig waren. Lustige Sprüche. Und auch Ihre Manöverkritiken über Situationen, die Sie beschäftigen.

43. Danach: Etwas ist schief gelaufen

Schlagfertigkeit ist nicht alles: Das eigentliche Ziel ist ja, eine Situation oder ein Problem gut zu lösen.

Die Situation ist nicht gelöst

Wenn Sie eine Situation zwar schlagfertig gemeistert haben, die Sache aber nach wie vor verfahren ist, heißt es: nachbessern. Was genau ist noch ungeklärt? Vielleicht hat man sich angeschrieen, den anderen klein gemacht oder eine frostige Stimmung herbeigeführt. Fragen Sie sich, woran das gelegen haben könnte.

Tipp

Schreiben Sie auf, welche Punkte Sie ansprechen möchten. Überlegen Sie sich auch, wie Sie dabei vorgehen wollen (Sind Sie ins Detail gegangen? Gibt es einen Grund für eine Entschuldigung? etc.).

Alles hat geklappt – aber auf Kosten eines Beteiligten

- Sie haben jemanden verletzt:

Aus Wut haben Sie Ihrem Gegenüber eins vor den Bug geknallt. Kollegen haben sich eine Schlacht geliefert und Sie haben mitgelacht – auf Kosten eines anderen.
Gut, wenn Sie so feinfühlig sind zu erkennen, dass Sie jemanden verletzt haben. Sich entschuldigen zu können, ist sehr wichtig. Gerade wenn man sich inhaltlich im Recht fühlt, befürchtet man, eine Entschuldigung könnte als Rückzieher gewertet werden.

Keine Sorge: Wenn Sie sich für eine bestimmte Sache entschuldigen, etwa für Ihren Tonfall, dann beweist das nicht nur Größe, sondern ebnet allen Beteiligten den Weg dafür, inhaltlich eine Lösung zu finden.

- Sie sind selbst verletzt worden:

Ist Ihnen jemand in den Rücken gefallen oder hat Sie menschlich enttäuscht, dann ist es ebenfalls sehr wichtig, auf die Person zuzugehen: Sprechen Sie – unter vier Augen – an, was Sie verletzt hat („Ich-Botschaften“).

Das Thema noch mal aufgreifen und klären

- Das eigentliche Anliegen ist noch offen:

Bitten Sie die Person sofort oder auch erst am nächsten Tag darum, das Thema noch einmal aufzugreifen: Benennen Sie klar die noch offenen Punkte. Dafür ist eine gute Vorbereitung wichtig.

- Es haben sich neue Aspekte ergeben:

Nehmen wir an, Sie haben im Namen Ihres Chefs eine bestimmte Vorgehensweise vertreten. Plötzlich wirft dieser seine eigenen Vorgaben wieder über den Haufen. Nun steht nicht nur das diskutierte Thema auf Ihrer Tagesordnung, sondern auch die Tatsache, dass Ihnen Ihr Chef einfach in den Rücken gefallen ist. Es ist wichtig, sich nicht heimlich darüber zu ärgern oder sich „auf gar nichts mehr zu verlassen“, sondern auf jeden Fall das offene Gespräch mit ihm zu suchen.

Wichtig

Eine Entschuldigung muss immer aufrichtig gemeint sein! Ein halbherzig dahingemurmeltes „Entschuldigung, aber ...“ ist eher ein Schlag ins Gesicht.

44. Internetadressen, die weiterhelfen

www.selbstmarketing.de
Website der Autorinnen mit umfangreichen Online-Tipps

www.palverlag.de/psychotipps
Kurztipps, u. a. zu Erröten, Nein sagen, Image ...

www.zeitzuleben.de
Online-Magazin „Alles für ein aktives Leben“, zahlreiche Online-Tipps, u. a. zu Kommunikation/Selbstmanagement

www.was-will-ich.de
Tipps & Infos, empfehlenswerter Newsletter

www.mwonline.de
Link „Ideenfabrik“, viele Tipps u. a. zu Kommunikation, Konfliktlösung

www.checkliste.de
umfassende Checklisten-Linksammlung, auch Rhetorik, Selbstmanagement u.a.

45. Bücher, die weiterhelfen

Selbstmarketing/Ausstrahlung:
Öttl, Christine/Härter, Gitte: *Ich-Marketing*. GU, München

Reiter, Michael A.: *Ihre Ausstrahlung erkennen, entwickeln und gezielt einsetzen*. Haufe, Planegg bei München

Vorbeck, Marion: *Image-Training. Mehr Ausstrahlung, mehr Erfolg. Vom Outfit bis zum Smalltalk*. GU, München

Selbstsicherheit/-management:
Covey, Stephen R.: *Die sieben Wege zur Effektivität. Ein Konzept zur Meisterung Ihres beruflichen und privaten Lebens*. Heyne, München

Herbst, Jaya: *Schon wieder ich! Über die Opferrolle und wie wir uns davon befreien*. Kösel, München

Jeffers, Susan: *Selbstvertrauen gewinnen. Die Angst vor der Angst verlieren*. Kösel, München

Pfeiffer, Vera: *Positives Denken*. Midena, München

Selby, John: *Was mich stark macht. Mehr Lebensqualität durch Mind-Management*. dtv, München

Stöger, G./Reiter, W.: *Alte Wunden heilen. Warum bestimmte Probleme ständig wiederkehren und wie Sie sie in den Griff bekommen*. Orell Füssli, Zürich

Wolf, Doris: *Ab heute kränkt mich niemand mehr*. PAL, Mannheim

Wolf, Doris: *Keine Angst vor dem Erröten. Psychologische Strategien zur Selbsthilfe*. PAL, Mannheim

Kommunikation:
Baum, Tanja: *Die Kunst, freundlich Nein zu sagen*. Redline, Frankfurt

Berckhan, Barbara: *Die etwas intelligentere Art, sich gegen dumme Sprüche zu wehren*. Heyne, München

Bonneau, Elisabeth: *Erfolgsfaktor Smalltalk*. Gräfe und Unzer Verlag, München

Dölz, Susanne: *Sich durchsetzen*. Haufe, Planegg bei München

Haasen, Nele: *Mut zu klaren Worten*. Kösel, München

Kühne de Haan, Lelia: *Ja, aber .... Die heimliche Kraft alltäglicher Worte und wie man durch bewusstes Sprechen selbstbewusster wird*. Nymphenburger, München

Mehrmann, Elisabeth: *Schneller zum Ziel durch klare Kommunikation. Profitipps für den beruflichen Alltag*. Bildung und Wissen Verlag, Nürnberg

Molcho, Samy: *Körpersprache*. Bassermann, München

Neumann, Eva: *Ich bin da anderer Meinung ... Schwierige Gespräche leicht gemacht*. Herder, Freiburg

Rhode, R, Meis, M. S., Bogartz, R.: *Angriff … ist die schlechteste Verteidigung. Der Weg zur kooperativen Konfliktbewältigung*. Junfermann, Paderborn

Schulz von Thun, Friedemann: *Miteinander reden 1 – 3*. Rowohlt, Reinbek bei Hamburg

Stoffel, Wolfgang: *Geschickt fragen*. Walhalla, Regensburg

Topf, Cornelia: *Small Talk*. Haufe, Planegg bei München

Wolf, Doris/Garner, Alan: *Nur Mut zum ersten Schritt. Wie Sie auf andere zugehen und sich ungezwungen unterhalten können*. PAL, Mannheim

Hinweis

Die Beiträge in diesem Buch sind sorgfältig recherchiert und entsprechen dem aktuellen Stand.
Abweichungen, beispielsweise durch seit Drucklegung geänderte Preise, Gebühren, Anlageentwicklungen, WWW-Adressen etc., sind nicht auszuschließen.
Weder Autorinnen noch Verlag können für eventuelle Nachteile oder Schäden, die aus den im Buch gegebenen praktischen Hinweisen resultieren, eine Haftung übernehmen.

GRÄFE UND UNZER VERLAG, Redaktion Leben & Lernen
Grillparzerstr. 12
81675 München

Programmleitung: Steffen Haselbach
Leitende Redaktion: Anita Zellner
Redaktion: Nina Pohlmann
Lektorat: Vera Baschlakow
Titelfoto: Getty Images
Umschlag und Gestaltung: independent Medien-Design
Herstellung: Maike Harmeier
Satz: Filmsatz Schröter, München
Repro: w & co. Media Services, München
Druck und Bindung: Druckerei Auer, Donauwörth
ISBN: 3-7742-6468-6

Aufl.	5	4	3	2
Jahr	2008	07	06	05

GRÄFE UND UNZER

Ein Unternehmen der
GANSKE VERLAGSGRUPPE